Horst Glaser · Material- und Produktionswirtschaft

D1734432

Reihe: Betriebswirtschaft und Betriebspraxis

Material- und Produktionswirtschaft

Prof. Dr. rer. pol. Horst Glaser

Betriebswirtschaftslehre für Ingenieure
Herausgegeben von Prof. Dr. rer. pol. Herbert Vormbaum

Dritte, neubearbeitete und erweiterte Auflage
des Taschenbuches T 43

 VERLAG

Verlag des Vereins Deutscher Ingenieure · Düsseldorf

CIP-Kurztitelaufnahme der Deutschen Bibliothek

Betriebswirtschaftslehre für Ingenieure /
hrsg. von Herbert Vormbaum. — Düsseldorf:
VDI-Verlag
  (Reihe: Betriebswirtschaft und Betriebs-
  praxis)
NE: Vormbaum, Herbert [Hrsg.]
Glaser, Horst: Material- und Produktions-
wirtschaft. — 3., neubearb. Aufl. — 1986

Glaser, Horst:
Material- und Produktionswirtschaft /
Horst Glaser. — 3., neubearb. Aufl. d.
Taschenbuches T 43. — Düsseldorf:
VDI-Verlag, 1986.
  (Betriebswirtschaftslehre für Ingenieure)
  (Reihe: Betriebswirtschaft und Betriebs-
  praxis)
  2. Aufl. u. d. T.: Bach, Werner: Material-
  wirtschaft, Produktion und Personalwesen.
  ISBN 3-18-400735-9

© VDI-Verlag GmbH, Düsseldorf 1986

Alle Rechte, auch das des auszugweisen Nachdruckes, der auszugweisen oder voll-
ständigen photomechanischen Wiedergabe (Photokopie, Mikrokopie) und das der
Übersetzung, vorbehalten.

Printed in Germany

ISBN 3-18-400735-9

Vorwort des Herausgebers

Bei zahlreichen Kontakten mit technischen Führungskräften, die sich durch meine Lehrtätigkeit an der Rheinisch-Westfälischen Technischen Hochschule Aachen sowie durch Begegnungen mit Praktikern aller Branchen und Tätigkeitsbereiche ergaben, stieß ich immer wieder auf großes Interesse an betriebswirtschaftlichen Fragen. Dies läßt sich leicht dadurch erklären, daß auch die mit vorwiegend technischen Aufgaben betrauten Personen bei ihrer Arbeit häufig mit betriebswirtschaftlichen Problemen konfrontiert werden. Im Vordergrund stehen dabei Wirtschaftlichkeitsfragen im Fertigungsprozeß und bei der Planung und Durchführung von Investitionen, Fragen der betrieblichen Kostenrechnung, des Einsatzes und der Entlohnung der Arbeitskräfte, des Vertriebs insbesondere technischer Güter und dergleichen.

Darüber hinaus zeigte sich vor allem bei dem immer größer werdenden Kreis jener Führungskräfte aller betrieblichen Ebenen, die zugleich mit technischen und wirtschaftlichen Aufgaben betraut sind, und stets auch bei den engagierten Nachwuchskräften lebhaftes Interesse an anderen Bereichen der Betriebswirtschaftslehre, wie etwa der Bilanz und der Erfolgsrechnung sowie der Finanzierung. Für den Nicht-Fachkundigen ist es jedoch bei dem heutigen Stand der Betriebswirtschaftslehre und dem großen Umfang betriebswirtschaftlichen Schrifttums schwierig, sich in die für den fachfremden Praktiker wichtigen Grundlagen und Grundbegriffe dieser Disziplin einzuarbeiten.

Diese Erkenntnisse und die in dieser Hinsicht vielfach an mich herangetragenen Wünsche veranlaßten mich, in sechs Bänden eine besondere „Betriebswirtschaftslehre für Ingenieure" herauszugeben. Diese umfassen alle Gebiete der Betriebswirtschaftslehre, die für die Tätigkeit der technischen Führungskraft relevant werden können, und sind als eine auf die Belange dieses Personenkreises abgestimmte geschlossene Gesamtdarstellung konzipiert: Sie setzen keine wirtschaftswissenschaftlichen Kenntnisse voraus und vermitteln fundiertes betriebswirtschaftliches Grundwissen sowie vertiefte Kenntnisse insbesondere auch in den für den angesprochenen Leserkreis wichtigen Gebieten.

Seit dem ersten Erscheinen der „Betriebswirtschaftslehre für Ingenieure" in der Reihe der VDI-Taschenbücher (T 42 bis T 47) im Jahre 1973 hat sich das Werk erheblich gewandelt. Im Zuge von Neuauflagen wurden einzelne Bände grundlegend überarbeitet, wesentlich erweitert und den Ansprüchen einer größeren Zielgruppe angepaßt, die außer technischen Führungskräften auch Mitarbeiter aus der kaufmännischen Praxis sowie Studenten der Wirtschaftswissenschaften umschließt.

Die „Betriebswirtschaftslehre für Ingenieure" ist in folgende Bände gegliedert:

Grundlagen und Grundbegriffe der Betriebswirtschaftslehre,

Material- und Produktionswirtschaft,

Grundzüge des Marketing,

Finanzierung und Investition,

Bilanzierung und Erfolgsrechnung,

Industrielle Kostenrechnung.

Es wird bewußt eine für den Nicht-Fachkundigen verständliche, einfache Darstellungsform gewählt und darauf geachtet, daß durch Verweise innerhalb der verschiedenen Bände der Gesamtzusammenhang stets deutlich bleibt, jeder Band aber dennoch ein in sich geschlossenes, selbständiges Werk ist. Durch Rückgriff an vielen Stellen auf langjährig erprobte Darstellungsweisen hoffe ich, zusammen mit den Verfassern der Beiträge, die z. T. schon lange meine Mitarbeiter sind bzw. langjährige Mitarbeiter waren, auch methodisch den geeigneten Weg gefunden zu haben.

Aachen, April 1986 *Herbert Vormbaum*

Vorwort zur dritten Auflage

Der vorliegende Band wurde neu geschrieben. Er gibt nunmehr einen Überblick über praxisrelevante Planungsschritte und Planungsverfahren, die im Rahmen einer Fertigungsdisposition als Verbindung von Material- und Produktionswirtschaft durchzuführen sind. Dabei finden insbesondere computergestützte Planungsabläufe bei der Material- und Termindisposition Berücksichtigung, wie sie in den aktuellen Standardsoftwarepaketen zur „Produktionsplanung und -steuerung" vorgesehen sind. Schwachstellen in den betreffenden Planungsabläufen werden aufgezeigt und Systeme für eine integrierte und rechnergestützte Material-, Termin- sowie geschlossene Fertigungsdisposition vorgestellt.

Für das sorgfältige Schreiben des Manuskriptes danke ich meiner Sekretärin, Frau *M. Eckenberger;* ferner bin ich Herrn stud. rer. pol. *Chr. Appis* für das Anfertigen der Abbildungen zu Dank verpflichtet.

Bayreuth, März 1986   *Horst Glaser*

Inhalt

1. Fertigungsdisposition als Gegenstand der Material- und Produktionswirtschaft

Die Produktionswirtschaft, die nach herrschender Auffassung die Materialwirtschaft mit einschließt, ist unter dem Planungsaspekt auf eine zieladäquate Gestaltung von Produktionsprozessen ausgerichtet. Dabei werden betriebswirtschaftliche Zielsetzungen wie Gewinn- bzw. Rentabilitätsmaximierung und/oder Kostenminimierung verfolgt. Über die Bestimmung der innerhalb eines vorgegebenen Planungszeitraumes zu erstellenden Produktarten und -mengen hinaus (Produktionsprogrammplanung) besteht die Aufgabe der Produktionswirtschaft bzw. Produktionsplanung darin, im Rahmen der Produktionsvollzugsplanung die Art und Weise der Durchführung bzw. der Realisation des jeweiligen Produktionsprogramms festzulegen. In theoretischen Konzeptionen wird die *Produktionsvollzugsplanung* in die Bereitstellungsplanung und die Produktionsprozeßplanung untergliedert. Die *Bereitstellungsplanung* umfaßt dann die Gesamtheit von Entscheidungsprozessen, die eine wirtschaftliche Beschaffung der benötigten Einsatz- bzw. Produktionsfaktoren sicherstellen sollen. Neben der Planung der Verfügbarkeit von Arbeitskräften und Betriebsmitteln beinhaltet die Bereitstellungsplanung auch die Planung der Verfügbarkeit von Materialien als Aufgabenbereich der Materialwirtschaft. Bei der in die *Losgrößenplanung* und die *Termin-* bzw. *Reihenfolgenplanung* weiter differenzierten *Produktionsprozeßplanung* geht es primär um den Entwurf einer zeitlichen Ordnung, gemäß derer das jeweilige Produktionsprogramm zu realisieren ist.

Die Bereitstellungsplanung und Produktionsprozeßplanung hinsichtlich bestimmter Problemkomplexe verbindende Fertigungsdisposition (vgl. Bild 1) bildet den zentralen Gegenstand einer kurzfristigen und speziell computergestützten Produktionsplanung.

Die *Fertigungsdisposition* im Sinne einer kurzfristigen bzw. operativen Planung ist primär auf die Festlegung von Fertigungsaufträgen bzw. Losen und Bestellmengen sowie auf die Bestimmung der zugehörigen Fertigungstermine und Bestell- bzw. Anlieferungstermine bei gegebener Betriebsbereitschaft gerichtet. Kurzfristig soll also in erster Linie besagen, daß die

1

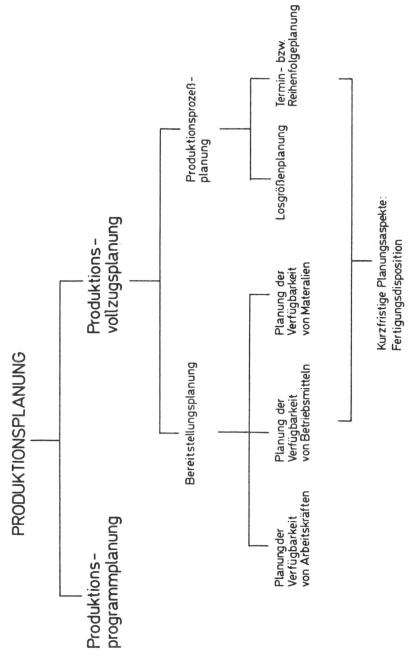

Bild 1. Teilbereiche der Produktionsplanung und Zuordnung der Fertigungsdisposition.

betriebliche Kapazität, speziell der Personal- und Betriebsmittel- bzw. Anlagenbestand ein unveränderbares Datum für die Fertigungsdisposition darstellt. Da sich die unternehmerische Entscheidung, eine bestimmte Betriebsbereitschaft aufrechtzuerhalten, allerdings in der Regel nur auf eine kleine, überschaubare Zeitspanne erstreckt, wird mit dem Ausdruck kurzfristig aber indirekt auch ein Zeitaspekt angesprochen und auf eine relativ geringe Reichweite des Planungshorizontes hingedeutet.

Die Begriffe *Fertigungsauftrag* und *Los* oder auch *Losgröße* werden synonym gebraucht. Sie kennzeichnen die Menge eines Einzelteiles, einer im weiteren Fertigungsprozeß benötigten Baugruppe (untergeordnete Baugruppe) oder eines Fertigproduktes (übergeordnete Baugruppe), die jeweils ohne Unterbrechung hintereinander in *Eigenfertigung* erstellt werden soll. Die Erledigung eines Fertigungsauftrages bzw. die Fertigstellung eines Loses kann die Durchführung mehrerer Arbeitsvorgänge erfordern, die auf unterschiedlichen maschinellen Anlagen bzw. allgemein an verschiedenen Arbeitsplätzen zu verrichten sind.

Mit dem Begriff *Bestellmenge* wird im Zusammenhang mit dem *Fremdbezug* eines Teils die Menge bezeichnet, die extern bei einem Lieferanten in Auftrag gegeben und gewöhnlich auch geschlossen angeliefert wird.

Als Oberbegriff für einen Fertigungsauftrag bzw. für ein Los und eine Bestellmenge soll hier der Ausdruck *Auftrag* Verwendung finden; ein Auftrag kann sich mithin sowohl auf Eigenfertigungsteile als auch auf Fremdbezugsteile beziehen.

Die Bestimmung der *Fertigungstermine* beinhaltet die Festsetzung eines Anfangs- bzw. Starttermins und eines End- bzw. Fertigstellungstermins für jeden Fertigungsauftrag bzw. für jeden Arbeitsvorgang, der zur Durchführung eines Fertigungsauftrages erforderlich ist.

Die Ermittlung von *Bestell-* und *Anlieferungsterminen* ist für Fremdbezugsteile vorzunehmen. Ein Bestelltermin kennzeichnet den Termin, zu dem eine Bestellauslösung für ein von externer Seite bereitzustellendes Material erfolgt. Der entsprechende Anlieferungstermin ergibt sich dann durch Addition von Bestelltermin und Wiederbeschaffungszeit; die *Wiederbeschaffungszeit* stellt die Zeitspanne zwischen Bestellauslösung und Verfügbarkeit der betreffenden Materialien bzw. Teile für die Fertigung dar.

In simultanen Ansätzen zur Fertigungsdisposition werden die wechselseitigen bzw. interdependenten Beziehungen zwischen den festzulegenden Größen erfaßt und z. B. Fertigungsaufträge und Fertigungstermine gleich-

3

zeitig derart bestimmt, daß eine Optimierung der zugrunde gelegten Ziel-funktion erfolgt. Aufgrund rechentechnischer Schwierigkeiten stellen der-artige Ansätze aber bisher und auch wohl für die absehbare Zukunft keine operationale Vorgehensweise zur Lösung von Entscheidungsproblemen realistischer Größenordnung dar.

Die im folgenden behandelten praxisrelevanten Ansätze zur Fertigungs-disposition sehen eine *sukzessive Planung* unter Verwendung von heu-ristischen Planungsverfahren (Näherungsverfahren) vor. Dies besagt, daß ohne Anspruch auf strikte Optimalität z. B. zunächst die Fertigungsauf-träge und erst daran anschließend die zugehörigen Fertigungstermine fest-gelegt werden und zwar jeweils in der Weise, daß die betreffenden Werte die Erfüllung bestimmter Zielsetzungen, wie Kostenminimierung oder Minimierung der Durchlaufzeiten, möglichst weitgehend gewährleisten.

Integrierte Fertigungsdisposition bedeutet, daß die Teilplanungsbereiche der Fertigungsdisposition und die sukzessiv eingesetzten Planungsver-fahren unter Beachtung der logisch zwingenden Datenbeziehungen unter-einander zu einem in sich geschlossenen System miteinander verknüpft werden. Insbesondere in Verbindung mit einem computergestützten System findet sich für eine integrierte Fertigungsdisposition dann auch häufig die Bezeichnung *Produktionsplanungs*- und *steuerungssystem*.

Gewöhnlich, gerade auch in den entsprechenden Standardsoftwarepaketen wird die (integrierte) Fertigungsdisposition in die Bereiche Materialwirt-schaft bzw. Materialdisposition und Zeitwirtschaft bzw. Terminierung oder Termindisposition untergliedert. Eine derartige, hier aus Gründen der Vergleichbarkeit übernommene Differenzierung ist, wie noch gezeigt wird, streng genommen als inkonsistent zu bezeichnen.

2. Materialdisposition

Die Materialdisposition als erstes Teilgebiet der Fertigungsdisposition umfaßt die Gesamtheit kurzfristiger Planungsaktivitäten, die auf eine möglichst kostengünstige und termingerechte Bereitstellung von Materialien hinzielen. Die *Materialien* sind grundsätzlich in *Fremdbezugsteile* und *Eigenfertigungsteile* zu untergliedern; bezüglich der Eigenfertigungsteile läßt sich eine weitere Differenzierung in *Einzelteile* und *Baugruppen* vornehmen. Eine genaue Terminplanung wird im Rahmen der Materialdisposition allerdings nur für Fremdbezugsteile durch die sog. Beschaffungszeitpunktplanung bzw. Bestellrechnung durchgeführt; die definitive Bestimmung der Produktions- und Fertigstellungstermine von Eigenfertigungsteilen erfolgt mittels der eigentlichen Termindisposition als zweitem Teilgebiet der Fertigungsdisposition.

Die Materialdisposition läßt sich allgemein in folgende Planungsbereiche untergliedern:

— Bedarfsplanung,

— Auftragsplanung (Bestellmengen- und Losgrößenplanung),

— Beschaffungszeitpunktplanung (für Fremdbezugsteile).

In Abhängigkeit von den jeweils für die Erfüllung der betreffenden Planungsaufgaben verwendeten Basisdaten und eingesetzten Planungsverfahren sind mit der verbrauchsgebundenen Materialdisposition und der programmgebundenen Materialdisposition zwei im folgenden erörterte Grundformen einer Materialdisposition zu unterscheiden.

2.1. Verbrauchsgebundene Materialdisposition

Bezogen auf eine bestimmte Materialart vollzieht sich die verbrauchsgebundene Materialdisposition in folgenden Planungsschritten:

— Vorhersage des in einem Planungszeitraum voraussichtlich insgesamt anfallenden Bedarfs auf der Grundlage der für die betreffende Materialart in der Vergangenheit effektiv aufgetretenen Bedarfswerte (Bedarfsplanung).

– Bestimmung einer optimalen Bestellmenge bzw. Losgröße zwecks kostengünstigster Deckung des prognostizierten Gesamtbedarfs (Auftragsplanung).

– Festlegung einer die rechtzeitige Bestellauslösung und Anlieferung sicherstellende Meldemenge, sofern es sich bei der betrachteten Materialart um ein Fremdbezugsteil handelt (Beschaffungszeitpunktplanung).

Nachstehend sollen diese Planungsschritte und die zugehörigen relevanten Planungsverfahren näher behandelt werden.

2.1.1. Planungsschritte und Planungsverfahren

2.1.1.1. Bedarfsplanung

Bei der im Rahmen einer verbrauchsgebundenen Materialdisposition durchgeführten Bedarfsplanung wird von den in der Vergangenheit für eine Materialart aufgetretenen Bedarfswerten mit Hilfe bestimmter *Vorhersageverfahren* auf den zukünftigen, in dem zugrunde gelegten Planungszeitraum (Prognoseperiode) anfallenden Bedarf an der betreffenden Materialart geschlossen. Die Zuverlässigkeit bzw. Güte der *Bedarfsprognose* hängt dabei entscheidend von dem jeweils gewählten Vorhersageverfahren ab. Je nach dem Verlauf einer Bedarfsreihe erweist sich der Einsatz unterschiedlicher Vorhersageverfahren als zweckmäßig; die Wahl eines bestimmten Verfahrens erfordert also zunächst eine genaue Analyse der Bedarfsentwicklung.

Hinsichtlich des Bedarfsverlaufs (Höhe der Bedarfswerte in Abhängigkeit von der Zeit) sind für die Bedarfsprognose in der betrieblichen Praxis drei wichtige Fälle zu unterscheiden:

– Konstanter Materialbedarf (Trend nullter Ordnung),

– trendförmiger Materialbedarf, speziell linearer Trend,

– saisonal schwankender Materialbedarf.

Die Standardsoftwarepakete zur Material- bzw. Fertigungsdisposition sehen für die Bedarfsvorhersage in diesen Fällen überwiegend *Verfahren der exponentiellen Glättung* vor, die im folgenden auch behandelt werden sollen. Dabei wird generell davon ausgegangen, daß am Ende der n-ten Periode die Ermittlung des Vorhersagewertes Q_{n+1} für die (n + 1)-te Prognoseperiode erfolgt und die in der Vergangenheit tatsächlich aufgetretenen Periodenbedarfe mit d_i (i = 1, ..., n) als dem in der i-ten Periode angefallenen Bedarf bekannt sind.

2.1.1.1.1. Bedarfsplanung bei konstantem Materialbedarf

Mit dem Ausdruck „Konstanter Materialbedarf" soll ein Bedarfsverlauf gekennzeichnet werden, der dadurch charakterisiert ist, daß die Bedarfswerte in Abhängigkeit von der Zeit um eine im wesentlichen gleichbleibende Höhe schwanken und die Abweichungen von dieser Höhe nicht auf saisonale Einflüsse zurückgehen, sondern zufallsbedingt sind (vgl. Bild 2). Für diese Situation stellt die exponentielle Glättung erster Ordnung ein geeignetes, in der betrieblichen Praxis zunehmend eingesetztes Vorhersageverfahren dar.

Nach der *exponentiellen Glättung erster Ordnung* bestimmt sich die Bedarfsvorhersage für die (n + 1)-te Periode gemäß

$$Q_{n+1} = Q_n + \alpha (d_n - Q_n)$$

Der Vorhersagewert für die (n + 1)-te Periode (Q_{n+1}) entspricht mithin dem Vorhersagewert für die n-te Periode (Q_n) zuzüglich eines durch den Parameter α bestimmten Teils des letzten Vorhersagefehlers ($d_n - Q_n$) als Differenz zwischen dem in der n-ten Periode effektiv aufgetretenen Bedarf (d_n) und der Bedarfsprognose für diese Periode (Q_n); die als *Anpassungskonstante* oder *Glättungskoeffizient* bezeichnete Größe α kann dabei Werte zwischen 0 und 1 annehmen.

Je nach dem konkreten Wert von α erfolgt eine unterschiedliche Berücksichtigung des jeweils zuletzt aufgetretenen Vorhersagefehlers bei der neuen Bedarfsvorhersage und damit eine unterschiedliche Anpassung des Vorhersagewertes an den jeweils zuletzt angefallenen effektiven Bedarf.

Ist $\alpha = 1$, so ergibt sich $Q_{n+1} = d_n$, d. h. es findet eine vollständige Anpassung der Bedarfsvorhersage an den aktuellen effektiven Bedarfswert statt. Für $\alpha = 0$ gilt $Q_{n+1} = Q_n$; in der Bedarfsvorhersage erfolgt also überhaupt keine Reaktion auf Schwankungen der effektiven Bedarfswerte im Zeitablauf. Eine praktische Erfahrungsregel lautet, α-Werte zwischen 0,1 und 0,3 festzusetzen; diese Werte führen zu einer relativ „vorsichtigen" Anpassung der Bedarfsvorhersage an jüngste Bedarfsentwicklungen.

Unter Berücksichtigung der Bestimmungsgleichung für Q_n, nämlich

$$Q_n = Q_{n-1} + \alpha (d_{n-1} - Q_{n-1})$$

ergibt sich für Q_{n+1} die Beziehung

$$Q_{n+1} = \alpha d_n + \alpha (1 - \alpha) d_{n-1} + (1 - \alpha)^2 Q_{n-1}.$$

Durch weiters rekursives Einsetzen der entsprechenden Gleichungen für Q_{n-1}, Q_{n-2}, usw. in den Ausdruck für Q_{n+1} läßt sich zeigen, daß nach der exponentiellen Glättung erster Ordnung für $0 < \alpha < 1$ bei der Bedarfsvorhersage letztlich sämtliche in der Vergangenheit aufgetretenen Bedarfswerte berücksichtigt werden, allerdings mit unterschiedlichem Gewicht. Ausgehend von der Periode n nehmen die Gewichte der Bedarfswerte in Richtung früherer Perioden exponentiell ab; den angefallenen Bedarfswerten wird für die Bedarfsvorhersage mithin eine um so geringere Bedeutung beigemessen, je weiter sie zurückliegen. Letztlich entspricht Q_{n+1} also dem sich am Ende der n-ten Periode ergebenden exponentiell gewogenen Mittelwert m_n der Vergangenheitsbedarfe.

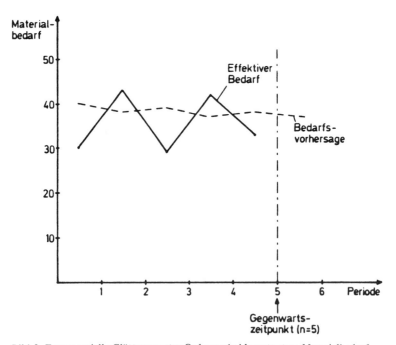

Bild 2. Exponentielle Glättung erster Ordnung bei konstantem Materialbedarf.

Beispiel: Exponentielle Glättung erster Ordnung

Bei Bild 2 wird von folgenden effektiven Bedarfswerten ausgegangen:

Periode i	1	2	3	4	5
Bedarf d_i	30	43	29	42	33

8

Bei $\alpha = 0{,}2$ und einer Bedarfsprognose von $Q_1 = 40$ als Startwert ergeben sich dann gemäß $Q_i = Q_{i-1} + \alpha(d_{i-1} - Q_{i-1})$ die Vorhersagewerte

Periode i	1	2	3	4	5	6
Vorhersage Q_i	40	38	39	37	38	37

Für die aktuelle Vorhersage gilt also speziell (n = 5):
$Q_6 = Q_5 + 0{,}2\,(d_5 - Q_5) = 37$.

2.1.1.1.2. Bedarfsplanung bei trendförmigem Materialbedarf

Weist eine Zeitreihe von Bedarfswerten, abgesehen von Zufallsschwankungen, einen grundsätzlich linear ansteigenden bzw. linear fallenden Verlauf auf, so empfiehlt sich die Anwendung der exponentiellen Glättung erster Ordnung mit Trendkorrektur oder der exponentiellen Glättung zweiter Ordnung. Zwecks Ermittlung eines Vorhersagewertes wird bei beiden Verfahren durch Bestimmung der betreffenden Parameter jeweils eine lineare Trendfunktion (Trendgerade) festgelegt. Im Zeitpunkt n (Ende der n-ten Periode) erfolgt die Ermittlung des Bedarfs a_n, der zu diesem Zeitpunkt infolge des Trends zu erwarten gewesen wäre (Wert der Ordinate der Trendgeraden zum Zeitpunkt n) und des Bedarfsanstiegs b_n (Anstieg der Trendgeraden), mithin die Festlegung der aktuellen linearen Trendfunktion

$$y_{n+x} = a_n + b_n x,$$

worin x die Anzahl der sich an Periode n anschließenden Perioden kennzeichnet. Der Koordinatenursprung der Trendgeraden wird also in die Gegenwart (Zeitpunkt n) gelegt.

Als Bedarfsvorhersage für die (n + 1)-te Periode ergibt sich dann der Wert

$$Q_{n+1} = y_{n+1} = a_n + b_n.$$

Exponentielle Glättung erster Ordnung mit Trendkorrektur und exponentielle Glättung zweiter Ordnung führen zu denselben Ergebnissen. Die beiden Vorhersageverfahren unterscheiden sich nur hinsichtlich der Vorgehensweise zur Ermittlung der Parameter a_n und b_n.

Bei der *exponentiellen Glättung erster Ordnung mit Trendkorrektur* werden die Parameter a_n und b_n mittels folgender Gleichungen bestimmt:

$$a_n = m_n + \frac{1-\alpha}{\alpha} b_n$$

$$b_n = b_{n-1} + \alpha(c_n - b_{n-1}) \text{ mit}$$

$$c_n = m_n - m_{n-1};$$

m_n (m_{n-1}) stellt dabei als sog. Mittelwert erster Ordnung den sich am Ende der n-ten ((n−1)-ten) Periode ergebenden exponentiell gewogenen Mittelwert sämtlicher effektiv aufgetretenen Bedarfswerte dar.

Zum Verständnis dieser Gleichungen ist folgendes zu beachten: Weisen die angefallenen Bedarfswerte keine Zufallsschwankungen auf, sondern liegen genau auf einer Geraden mit einem Anstieg von b, so weicht der nach der exponentiellen Glättung erster Ordnung am Ende der n-ten Periode errechnete Mittelwert m_n exakt um den Betrag $\frac{(1-\alpha)}{\alpha} b$ von dem jüngsten Bedarfswert d_n ab, d. h. der Mittelwert m_n entspricht dem in der Periode $n - (1-\alpha)/\alpha$ aufgetretenen Bedarf. Um also unter Rückgriff auf das Ergebnis der exponentiellen Glättung erster Ordnung den aktuellen effektiven Bedarfswert d_n zu erhalten, muß zu dem Mittelwert m_n der angeführte Betrag addiert werden. Es würde dann

$$a_n = d_n = m_n + \frac{1-\alpha}{\alpha} b$$

gelten.

Nun ist davon auszugehen, daß in einem praktischen Fall die Bedarfswerte aufgrund von Zufallsschwankungen nicht exakt auf einer Geraden mit dem konstanten Anstieg b liegen. Zur Bestimmung von a_n wird dann der Mittelwert m_n um das $(1-\alpha)/\alpha$-fache des Anstiegs b_n der aktuellen Trendgeraden korrigiert und die Differenz zwischen a_n und d_n als Zufallsabweichung angesehen.

Der Wert b_n stellt das exponentiell gewogene Mittel der jeweiligen Differenz zwischen zwei direkt aufeinanderfolgenden Mittelwerten erster Ordnung dar; diese Mittelwerte würden bei konstantem Anstieg des Materialbedarfs den in zwei sich unmittelbar anschließenden Perioden aufgetretenen Bedarfswerten entsprechen.

Bei der *exponentiellen Glättung zweiter Ordnung* wird über den Mittelwert erster Ordnung m_n – im folgenden mit m_n^1 bezeichnet – hinaus der Mittelwert zweiter Ordnung

$$m_n^2 = m_{n-1}^2 + \alpha (m_n^1 - m_{n-1}^2)$$

als exponentiell gewogener Mittelwert der Mittelwerte erster Ordnung errechnet. Unter der Voraussetzung, daß die anfallenden Bedarfswerte keine Zufallsschwankungen aufweisen und auf einer Geraden mit dem Anstieg in Höhe von b liegen, weicht m_n^2 um den Betrag $\dfrac{1-\alpha}{\alpha}$ b von m_n^1 ab, d. h. es gilt

$$a_n = d_n = m_n^1 + m_n^1 - m_n^2 = m_n^1 + \frac{1-\alpha}{\alpha}\ b\ .$$

Bei Zufallsschwankungen müssen a_n und d_n nicht übereinstimmen. Die Parameter a_n und b_n der linearen Trendfunktion werden dann wie folgt bestimmt:

$$a_n = m_n^1 + m_n^1 - m_n^2$$

$$b_n = \frac{\alpha}{1-\alpha}\ (m_n^1 - m_n^2).$$

2.1.1.1.3. Bedarfsplanung bei saisonal schwankendem Materialbedarf

Saisonale Bedarfsschwankungen liegen dann vor, wenn in regelmäßigen Zeitabständen sich wiederholende Abweichungen der Bedarfswerte vom Trend auftreten. Bei einem Trend nullter Ordnung mit saisonalen Bedarfsschwankungen läßt sich der Vorhersagewert für die $(n + 1)$-te Periode bei Verwendung eines sog. *multiplikativen Saisonmodells* nach folgenden Gleichungen bestimmen:

$$Q_{n+1} = m_n s^{n+1}$$

$$m_n = m_{n-1} + \alpha \left(\frac{d_n}{s_{n-L}} - m_{n-1} \right)$$

$$s_n = s_{n-L} + \beta \left(\frac{d_n}{m_n} - s_{n-L} \right).$$

m_n stellt einen nach dem Verfahren der exponentiellen Glättung erster Ordnung errechneten Mittelwert der um Saisoneinflüsse bereinigten Bedarfswerte dar. s^{n+1} ($= s_{n+1-L}$) kennzeichnet den für die $(n + 1)$-te Periode relevanten *Saisonfaktor* bzw. *Saisonkoeffizienten*. Mit s_n und s_{n-L} werden die mittels der exponentiellen Glättung erster Ordnung entsprechend dem

Saisonzyklus fortgeschriebenen Saisonkoeffizienten bezeichnet, wobei L die Länge eines Saisonzyklus symbolisiert. Die Glättungsparameter α und β können Werte zwischen 0 und 1 annehmen.

Frage 1: Warum ist es nicht sinnvoll, die exponentielle Glättung erster Ordnung als Vorhersageverfahren bei einem linearen Trend anzuwenden?

Frage 2: Wie läßt sich ein geeigneter Wert der Anpassungskonstante α bei der exponentiellen Glättung erster Ordnung festlegen?

2.1.1.2. Auftragsplanung

Die Aufgabe der Auftragsplanung besteht darin, Dispositionen zu treffen, die sicherstellen, daß der ermittelte Bedarf an Materialien auf kostengünstigste Weise gedeckt wird. Hierbei handelt es sich vorrangig um ein Problem der *Bestimmung kostenoptimaler* bzw. *wirtschaftlicher Auftragsgrößen,* d. h. *kostenoptimaler* bzw. *wirtschaftlicher Bestellmengen* für *Fremdbezugsteile* und *kostenoptimaler* bzw. *wirtschaftlicher Losgrößen* für *Eigenfertigungsteile.* Die in der betrieblichen Praxis eingesetzten Verfahren zur Auftragsplanung sehen eine für jede Materialart isoliert durchgeführte Auftragsfestlegung vor.

Bei einer Auftragsplanung, die im Anschluß an eine verbrauchsgebundene Bedarfsplanung durchgeführt wird, finden Ansätze zur Bestimmung kostenoptimaler Auftragsgrößen Verwendung, denen die Annahme einer *konstanten Bedarfsrate* (Bedarf pro Zeiteinheit) im Zeitablauf zugrunde liegt. Von „theoretischer" Seite wird häufig der Einwand erhoben, daß diese Annahme völlig unrealistisch sei. Dem ist allerdings entgegenzuhalten, daß eine verbrauchsgebundene Bedarfsplanung nur Informationen über den in einem Planungszeitraum insgesamt auftretenden Materialbedarf liefert, aber keinen Aufschluß über die zeitliche Verteilung dieses Bedarfs bzw. über den Bedarfsverlauf innerhalb der Planungsperiode gibt. Unter diesem Aspekt erscheint jede Annahme hinsichtlich des Bedarfsverlaufs gerechtfertigt und nicht falsifizierbar.

Die formale Struktur von Ansätzen zur Bestimmung kostenoptimaler Bestellmengen und Ansätzen zur Bestimmung kostenoptimaler Losgrößen stimmt häufig überein. Bei der auf einer verbrauchsgebundenen Bedarfsplanung basierenden Auftragsplanung können für Fremdbezugsteile und Eigenfertigungsteile aber jeweils unterschiedliche Probleme, insbesondere im Hinblick auf die Realitätsnähe der betreffenden Ansätze auftreten, so daß Bestellmengenplanung und Losgrößenplanung als Teilbereiche der Auftragsplanung im folgenden getrennt behandelt werden sollen.

12

2.1.1.2.1. Bestellmengenplanung

2.1.1.2.1.1. Erfassung der Bereitstellungskosten

Die Bestimmung kostenoptimaler Bestellmengen setzt voraus, daß zunächst die zu minimierenden, im Zusammenhang mit der Deckung des Bedarfs an einer Materialart anfallenden Bereitstellungskosten in differenzierter Form erfaßt werden. Grundsätzlich sind folgende Kostenarten zu unterscheiden:

- Beschaffungskosten,
- Lagerhaltungskosten,
- Fehlmengenkosten.

Die *Beschaffungskosten* lassen sich in unmittelbare und mittelbare Beschaffungskosten unterteilen. Bei den *unmittelbaren Beschaffungskosten* handelt es sich um Kosten, die direkt mit dem Kauf von Materialien verbunden sind. Eine Komponente dieser Kosten bildet folglich der Material- bzw. Beschaffungspreis pro Materialeinheit. Je nach der gewählten Bezugsbasis können die unmittelbaren Beschaffungskosten dann als Beschaffungskosten einer Bestellmenge (Bestellmenge multipliziert mit dem Beschaffungspreis pro Materialeinheit) oder als Beschaffungskosten des Planungszeitraumes bzw. als in Verbindung mit der Deckung des Gesamtbedarfs auftretende Beschaffungskosten (Gesamtbedarf multipliziert mit dem Beschaffungspreis pro Materialeinheit) ausgewiesen werden. Die *mittelbaren Beschaffungskosten* stellen Kosten dar, die in direktem Zusammenhang mit Bestelldispositionen anfallen. Auf einen Bestellvorgang bezogen sind sie von der Höhe der Bestellmenge unabhängig und werden deshalb häufig auch – fälschlicherweise generell – als *bestellfixe Kosten* bezeichnet. Bildet nämlich der Planungszeitraum die Bezugsbasis, d. h. geht es um die sich bei der Deckung des Gesamtbedarfs ergebenden mittelbaren Beschaffungskosten, so hängt die Höhe dieser Kosten von der Anzahl der Bestellvorgänge und – da die betreffende Anzahl dem Quotienten aus Gesamtbedarf und Bestellmenge entspricht – mithin von der Bestellmenge ab. Je größer (kleiner) die Bestellmenge ist, desto weniger (mehr) Bestellvorgänge sind erforderlich und um so geringere (höhere) mittelbare Beschaffungskosten entstehen insgesamt.

Generell läßt sich feststellen, daß mit zunehmender (abnehmender) Bestellmenge die gesamten Beschaffungskosten fallen (steigen).

Die *Lagerhaltungskosten* lassen sich in Kapitalbindungskosten (Zinskosten) und in Lagerkosten gliedern. Die *Kapitalbindungskosten* hängen von dem

13

Umfang des in Lagerbeständen gebundenen Kapitals, der Dauer dieser Kapitalbindung und der Höhe des Zinssatzes ab. Sofern der (durchschnittliche) Lagerbestand abhängig von der Bestellmenge ist, lassen sich die Kapitalbindungskosten als Funktion der Bestellmenge angeben. Bei den *Lagerkosten* handelt es sich um Kosten, die z. B. im Zusammenhang mit der Erhaltung und Pflege der gelagerten Materialien auftreten. Hinsichtlich der unterstellten funktionalen Beziehung zur Bestellmenge werden die Lagerkosten gewöhnlich wie die Kapitalbindungskosten behandelt.

Allgemein gilt, daß mit zunehmender (abnehmender) Bestellmenge die gesamten Lagerhaltungskosten ansteigen (fallen). Beschaffungs- und Lagerhaltungskosten weisen bei Variation der Bestellmenge also eine gegenläufige Tendenz auf.

Fehlmengenkosten entstehen, wenn der Materialbedarf nicht oder nicht rechtzeitig, d. h. erst eine bestimmte Zeitspanne nach seinem Auftreten gedeckt wird. Je nach der konkreten Fertigungs- und Absatzsituation, in der sich eine Unternehmung befindet, können Fehlmengenkosten dann in Form von Stillstandskosten infolge Produktionsunterbrechung, Konventionalstrafen aufgrund verzögerter Fertigstellung bestimmter Aufträge und/oder Opportunitätskosten (entgangene Gewinne) durch Absatzeinbußen anfallen. Bei den in der betrieblichen Praxis eingesetzten Verfahren zur Bestimmung kostenoptimaler Bestellmengen werden Fehlmengenkosten nicht explizit erfaßt bzw. durch die Bedingung der Unzulässigkeit von Fehlmengen ausgeschlossen.

2.1.1.2.1.2. Ermittlung kostenoptimaler Bestellmengen

Den grundlegenden Ansatz zur Ermittlung kostenoptimaler Bestellmengen im Anschluß an eine verbrauchsgebundene Bedarfsplanung stellt das als klassisches Bestellmengen- bzw. Losgrößenmodell bezeichnete Modell von Andler dar, auf das häufig auch mit dem Ausdruck „Andlersche Formel" bzw. „Andler-Formel" verwiesen wird. Obwohl die Entwicklung dieses Modells mehr als ein halbes Jahrhundert zurückliegt, bildet es, relativ geringfügig modifiziert bzw. erweitert, auch heute noch eine der wichtigsten Entscheidungshilfen im Rahmen der verbrauchsgebundenen Materialdisposition.

Bei dem klassischen Bestellmengenmodell wird von folgenden Annahmen ausgegangen:

14

a) Der innerhalb eines bestimmten Planungszeitraums auftretende Gesamtbedarf Q an einem Fremdbezugsteil als Ergebnis einer verbrauchsgebundenen Bedarfsplanung ist bekannt und für die Bestellmengenermittlung als sichere Größe anzusehen.

b) Der Bedarf verteilt sich gleichmäßig über den Planungszeitraum. Entsprechend diesem Bedarfsverlauf werden die benötigten Materialien
kontinuierlich und in jeweils gleichbleibender Menge vom Lager abgerufen. Bedarfsrate und Lagerabgangsrate stimmen also überein und sind
konstant.

c) Die Anlieferungstermine von Materialien kann die beschaffende Unternehmung frei bestimmen; die jeweilige Anlieferungsmenge entspricht
der Bestellmenge.

d) Das Auftreten von Fehlmengen ist nicht zulässig; sonstige Nebenbedingungen, wie z. B. Lagerungs- oder Finanzierungsrestriktionen, bestehen
nicht.

e) Der Beschaffungspreis pro Materialeinheit stellt eine konstante, durch
die Bestellmenge nicht beeinflußbare Größe dar.

Die Planungsaufgabe besteht nun darin, unter Berücksichtigung der genannten Prämissen die Bestellmenge zu bestimmen, bei der die im Zusammenhang mit der Deckung des Gesamtbedarfs Q anfallenden Bereitstellungskosten als Summe von Beschaffungs- und Lagerhaltungskosten den
niedrigsten (minimalen) Wert annehmen. Zur Ermittlung dieser kostenoptimalen Bestellmenge sind zunächst die funktionalen Beziehungen
zwischen den Beschaffungs- sowie Lagerhaltungskosten und der Bestellmenge x zu erfassen.

Bei einem konstanten Beschaffungspreis pro Materialeinheit in Höhe von P
fallen unabhängig von der gewählten Bestellmenge x insgesamt unmittelbare Beschaffungskosten (K_u) in Höhe von

$$K_u = QP$$

an.

Für die gesamten mittelbaren Beschaffungskosten (K_m) gilt die Beziehung

$$K_m = k_m \frac{Q}{x},$$

worin k_m die mittelbaren Beschaffungskosten eines Bestellvorgangs kennzeichnet; der Quotient Q/x stellt die zur Deckung des Gesamtbedarfs er-

forderliche, von der Bestellmenge x abhängige Anzahl von Bestellvorgängen dar.

Zur Ermittlung der Kapitalbindungskosten wird von einem Lagerbestandsvorlauf ausgegangen, wie er beispielhaft in Bild 3 aufgeführt ist. Dieser Verlauf läßt sich nicht allein aus den Annahmen einer konstanten Bedarfsbzw. Lagerabgangsrate und eines Nichtauftretens von Fehlmengen ableiten.

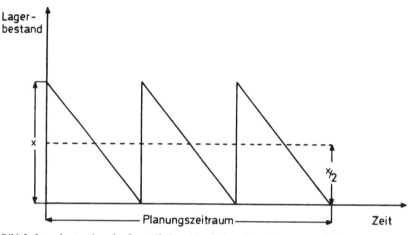

Bild 3. Lagerbestandsverlauf gemäß dem klassischen Bestellmengenmodell.

Dem im klassischen Bestellmengenmodell unterstellten Lagerbestandsverlauf liegt vielmehr zusätzlich die in der Regel nicht explizit genannte Prämisse zugrunde, daß eine neue Anlieferungsmenge genau dann eintrifft, wenn der Lagerbestand gerade erschöpft ist. Mit dieser Prämisse wird eine vorzeitige, d. h. zur Bedarfsdeckung bzw. zur Vermeidung von Fehlmengen noch nicht erforderliche Anlieferung und damit ein Entstehen grundsätzlich vermeidbarer Lagerhaltungskosten ausgeschlossen. Für den durchschnittlichen Lagerbestand ergibt sich dann der Wert x/2 und das während des Planungszeitraums durchschnittlich gebundene Kapital weist einen Betrag von (x/2) P auf. Bei einem auf den Planungszeitraum bezogenen Zinssatz von i/100 entstehen dann in Abhängigkeit von der Bestellmenge x insgesamt Kapitalbindungskosten (K_b) in Höhe von

$$K_b = \frac{x}{2} P \frac{i}{100}$$

16

Zwecks zusätzlicher Erfassung der Lagerkosten wird üblicherweise der Zinssatz i/100 um den Lagerkostensatz j/100 erhöht und zur Erfassung der gesamten Lagerhaltungskosten (K_L) der globale Lagerhaltungskostensatz

$$\frac{z}{100} = \frac{i}{100} + \frac{j}{100}$$

angesetzt. Es gilt dann

$$K_L = \frac{x}{2} P \frac{z}{100}.$$

Im Zusammenhang mit der Deckung des Gesamtbedarfs Q entstehen bei der Bestellmenge x also Kosten (K) in Höhe von

$$K = K_u + K_m + K_L = QP + k_m \frac{Q}{x} + \frac{x}{2} P \frac{z}{100}.$$

Durch Differentiation dieser Kostenfunktion nach der Variablen x und Nullsetzen der ersten Ableitung erhält man folgende notwendige (und hier zugleich auch hinreichende) Bedingung für ein Kostenminimum:

$$\frac{dK}{dx} = -\frac{k_m Q}{x^2} + \frac{Pz}{200} = 0.$$

Hieraus lassen sich u. a. die beiden Optimalitätsbedingungen

$$k_m \frac{Q}{x} = \frac{x}{2} P \frac{z}{100} \quad \text{und}$$

$$k_m = \frac{x}{2} P \frac{x}{Q} \frac{z}{100}$$

ableiten.

Die erste Optimalitätsbedingung besagt, daß die Kosten bei der Bestellmenge ein Minimum annehmen, bei der die dann insgesamt anfallenden mittelbaren Beschaffungskosten die gleiche Höhe wie die mit dieser Menge verbundenen gesamten Lagerhaltungskosten aufweisen. Unter Berücksichtigung dieser Bedingung läßt sich die kostenoptimale Bestellmenge graphisch in der Weise bestimmen, daß vom Schnittpunkt der Kurve der mittelbaren Beschaffungskosten mit der Lagerhaltungskostenkurve ausgehend ein Lot senkrecht auf die x-Achse gefällt wird. Der sich dadurch auf dieser Achse ergebende Punkt stellt die kostenoptimale Bestellmenge x_{opt} dar (vgl. Bild 4).

17

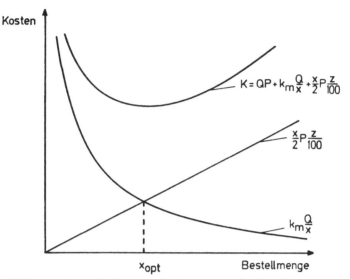

Bild 4. Graphische Bestimmung der kostenoptimalen Bestellmenge.

Die zweite Optimalitätsbedingung bedeutet, daß bei der kostenoptimalen Bestellmenge die mittelbaren Beschaffungskosten eines Bestellvorgangs (bestellfixe Kosten) den infolge eines Bestell- bzw. Anlieferungsvorgangs anfallenden Lagerhaltungskosten entsprechen. x/Q stellt dabei die aus einem Bestellvorgang in Abhängigkeit von der Bestellmenge x resultierende Lager- bzw. Kapitalbindungsdauer dar, genauer: die betreffende Maßzahl als Teil des Planungszeitraumes.

Letztere Optimalitätsbedingung tritt beim weiter unten erörterten Kosten-ausgleichsverfahren als Ansatz zur Bestimmung kostenoptimaler Bestell-mengen bzw. Losgrößen bei variabler Bedarfsrate in leicht modifizierter Form wieder auf.

Gemäß den angeführten Optimalitätsbedingungen erhält man für die kosten-optimale Bestellmenge (x_{opt}) den auch als *Andlersche Formel* bezeich-neten Ausdruck

$$x_{opt} = \sqrt{\frac{200\,k_m Q}{Pz}}.$$

Diese kostenoptimale Bestellmenge x_{opt} läßt sich auch in der Weise bestim-men, daß lediglich ein Bestellvorgang betrachtet wird und eine Minimie-rung der mit diesem Vorgang verbundenen Stückkosten (k) erfolgt, die sich

18

mittels Division der im Zusammenhang mit einem Bestellvorgang anfallenden Bereitstellungskosten durch die Bestellmenge ergeben:

$$k = \frac{xP + k_m + \dfrac{x}{2} P \dfrac{x}{Q} \dfrac{z}{100}}{x} = P + \frac{k_m}{x} + \frac{P}{2} \frac{x}{Q} \frac{z}{100}.$$

Die Minimierung der betreffenden Stückkosten führt hier deshalb auch zu einer Minimierung der Gesamtkosten, weil nach den Annahmen des klassischen Bestellmengenmodells unter der Voraussetzung einer im Zeitablauf konstanten Bestellmenge in Verbindung mit jedem Bestell- bzw. Anlieferungsvorgang derselbe Betrag an Bereitstellungskosten anfällt und die minimalen Stückkosten folglich auch für jede Einheit des zu deckenden Gesamtbedarfs Q realisiert werden können.

Die Minimierung der mit einem Bestellvorgang entstehenden Stückkosten bildet das Grundprinzip des weiter unten erörterten Stückkostenverfahrens als Ansatz zur Bestimmung kostenoptimaler Bestellmengen bzw. Losgrößen bei variabler Bedarfsrate, was sich dann aber hinsichtlich einer Minimierung der gesamten Bereitstellungskosten als problematisch erweist.

Für die betriebliche Praxis stellt die Aufhebung der Prämisse eines konstanten Beschaffungspreises pro Materialeinheit die wohl wichtigste Modifikation bzw. Erweiterung des klassischen Bestellmengenmodells dar. Bei der Bestimmung der kostenoptimalen Bestellmenge wird dann berücksichtigt, daß infolge der vielfach üblichen Gewährung von Mengenrabatten seitens der Lieferanten der Beschaffungspreis pro Materialeinheit keine konstante, sondern eine von der Bestellmenge abhängige Größe ist.

Häufig nehmen die Lieferanten eine *Mengenrabattstaffelung* vor, der sich entnehmen läßt, für welchen Wertebereich der Bestellmenge der zugehörige Beschaffungspreis pro Materialeinheit konstant ist (Rabattzone) und ab welcher Bestellmenge die Materialien zu einem bestimmten, im Vergleich zu einer kleineren Bestellmenge niedrigeren Beschaffungspreis bezogen werden können. Dieser niedrigere Preis gilt dann nicht nur für die zusätzlichen, über die Mindestmenge der betreffenden Rabattzone hinaus angeforderten Teile, sondern für sämtliche Materialeinheiten.

Die Rabattstaffelung bewirkt, daß die Gesamtkostenfunktion für jede Bestellmenge, die der Mindestmenge einer neuen Rabattzone entspricht, einen Sprung aufweist. Der u. a. von der Höhe des Beschaffungspreises pro Materialeinheit abhängige Anstieg der Lagerhaltungskosten ändert sich

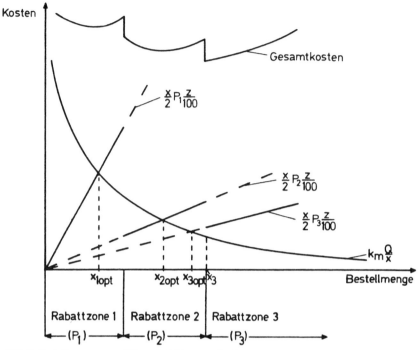

Bild 5. Bestellmengenermittlung bei Mengenrabatten.

gemäß den für die verschiedenen Rabattzonen geltenden Preisen; der Anstieg ist mithin jeweils nur für die Bestellmengen konstant, die in eine Rabattzone fallen (vgl. Bild 5).

Zur Bestimmung der Bestellmenge, bei der die mit der Deckung des Gesamtbedarfs Q verbundenen Bereitstellungskosten unter Berücksichtigung der Mengenrabattgewährung ein absolutes Minimum annehmen, ist in der Regel ein Vergleich relativer Minima erforderlich.

Die entsprechenden Berechnungen sollten zweckmäßigerweise in der Weise durchgeführt werden, daß ausgehend von dem niedrigst möglichen Beschaffungspreis pro Materialeinheit für die verschiedenen Beschaffungspreise pro Materialeinheit nacheinander die jeweils relativ optimalen Bestellmengen unter Verwendung der Andlerschen Formel errechnet werden, bis die größte „zulässige" Menge unter diesen Bestellmengen bestimmt ist. Zulässig ist eine für einen bestimmten Beschaffungspreis pro Materialeinheit nach der Andlerschen Formel ermittelte Bestellmenge dann, wenn sie auch in die Rabattzone fällt, für welche der angesetzte Beschaffungspreis pro

20

Materialeinheit Gültigkeit besitzt; in Bild 5 ist neben der Menge x_{1opt} die Menge x_{2opt}, nicht aber die Menge x_{3opt} zulässig; x_{2opt} stellt die größte zulässige relativ optimale Bestellmenge dar. Nach der Feststellung der größten zulässigen relativ optimalen Bestellmenge sind die bei dieser Menge anfallenden Kosten mit den Kosten zu vergleichen, die bei Bestellmengen entstehen, die den jeweiligen Mindestmengen bzw. unteren Bereichsgrenzen der nachfolgenden Rabattzonen entsprechen; gemäß Bild 5 sind die Kosten bei x_{2opt} den Kosten bei x_3 gegenüberzustellen. Von den betreffenden Mengen stellt dann die Menge die (absolut) kostenoptimale Bestellmenge dar, die zu den geringsten Kosten führt, im Beispiel gemäß Bild 5 die Menge x_3.

Es ist zu beachten, daß die Berechnungen zur Bestimmung der absolut kostenoptimalen Bestellmenge sofort abgebrochen werden können, wenn die sich bei dem niedrigsten Beschaffungspreis pro Materialeinheit ergebende relativ optimale Bestellmenge auch zulässig ist; diese Menge führt zu den geringstmöglichen Kosten.

2.1.1.2.2. Losgrößenplanung

2.1.1.2.2.1. Erfassung der Bereitstellungskosten

Bei der Losgrößenplanung sind grundsätzlich folgende Kostenarten zu unterscheiden:

– Herstellkosten,

– Lagerhaltungskosten,

– Fehlmengenkosten.

Analog zu den bei der Bestellmengenplanung berücksichtigten Beschaffungs- kosten können die *Herstellkosten* in unmittelbare und mittelbare Herstell- kosten unterteilt werden. Bei den *unmittelbaren Herstellkosten* handelt es sich um Kosten, die in direktem Zusammenhang mit dem Einsatz von zur Erstellung der Eigenfertigungsteile benötigten Vor- bzw. Zwischenproduk- ten und der Bearbeitung dieser Produkte anfallen; die unmittelbaren Her- stellkosten setzen sich mithin aus Materialkosten und Fertigungskosten zusammen. Die *mittelbaren Herstellkosten* stellen Kosten dar, die in direk- ter Verbindung mit den Vorbereitungen zur Erstellung der Lose entstehen, vor allem in Form von Rüstkosten. Wird nur ein Los bzw. ein Auflagevor- gang betrachtet, so fallen diese Kosten in konstanter Höhe unabhängig von der Losgröße an. Sie werden deshalb auch als *los-* bzw. *auflagefixe Kosten* bezeichnet. Die bei der Deckung des Gesamtbedarfs entstehenden mittelbaren Herstellungskosten sind aber keineswegs fixe Kosten, sondern hängen von der Anzahl der Auflagen und damit von der Losgröße ab.

Die bei der Losgrößenoptimierung zu beachtenden *Lagerhaltungskosten* stimmen hinsichtlich ihrer Zusammensetzung und direkten Bestimmungsfaktoren mit den bei der Bestellmengenoptimierung berücksichtigten Lagerhaltungskosten überein. Den üblichen Verzicht auf einen gesonderten Ausweis der Lagerkosten vorausgesetzt gilt allgemein, daß die Lagerhaltungskosten von dem Umfang des in Lagerbeständen gebundenen Kapitals, der Dauer der Kapitalbindung und der Höhe des globalen Lagerhaltungskostensatzes abhängen.

Mögliche, in den oben erwähnten Formen entstehende *Fehlmengenkosten* werden in praxisorientierten Ansätzen zur Bestimmung kostenoptimaler Losgrößen nicht explizit aufgeführt bzw. durch die Forderung nach Vermeidung von Fehlmengen modellmäßig ausgeschlossen.

2.1.1.2.2.2. Ermittlung kostenoptimaler Losgrößen

In den Standardsoftwarepaketen für eine integrierte Material- bzw. Fertigungsdisposition wird gewöhnlich das klassische Losgrößenmodell bzw. die Andlersche Formel als Ansatz zu einer im Anschluß an eine verbrauchsgebundene Bedarfsplanung vorzunehmende Ermittlung kostenoptimaler Losgrößen angeboten. Bezogen auf die Eigenfertigung liegen diesem Modell — weitgehend analog zu den Prämissen bei Fremdbezug — folgende Annahmen zugrunde:

a) Der innerhalb eines bestimmten Planungszeitraums auftretende Gesamtbedarf Q an einem Eigenfertigungsteil als Ergebnis einer verbrauchsgebundenen Bedarfsplanung ist bekannt und für die Losgrößenermittlung als sichere Größe anzusehen.

b) Der Bedarf verteilt sich gleichmäßig über den Planungszeitraum. Entsprechend diesem Bedarfsverlauf werden die gewünschten Teile kontinuierlich und in jeweils gleichbleibender Menge vom Lager abgerufen. Bedarfsrate bzw. Absatzgeschwindigkeit (für Fertigprodukte) und Lagerabgangsrate stimmen also überein und sind konstant.

c) Die Produktionsgeschwindigkeit (erstellte Menge pro Zeiteinheit) ist unendlich hoch.

d) Fehlmengen dürfen nicht auftreten; sonstige Nebenbedingungen, wie z. B. Lagerungs- oder Finanzierungsrestriktionen, bestehen nicht.

e) Die unmittelbaren Herstellkosten pro Materialeinheit sind konstant.

Aufgrund dieser Prämissen sowie den in Verbindung mit dem klassischen Bestellmengenmodell getroffenen, direkt übertragbaren Feststellungen über den Lagerbestandsverlauf und die Lagerhaltungskosten ergibt sich hier folgende, mit der entsprechenden Beziehung bei der Bestellmengenermittlung formal identische Kostenfunktion:

$$K = Qh_u + h_m \frac{Q}{x} + \frac{x}{2} h_u \frac{z}{100}.$$

Hierin bedeuten:

x Losgröße

h_u unmittelbare Herstellkosten pro Materialeinheit

h_m mittelbare Herstellkosten eines Loses (losfixe Kosten).

Der Quotient $\dfrac{Q}{x}$ kennzeichnet nunmehr die Auflagezahl bzw. die Anzahl der Auflagevorgänge.

Für die optimale Losgröße gilt analog zur Bestellmengenplanung der Ausdruck

$$x_{opt} = \sqrt{\frac{200\, h_m Q}{h_u z}}.$$

Die dem klassischen Losgrößenmodell zugrunde liegende Prämisse, daß die unmittelbaren Herstellkosten pro Materialeinheit konstant sind, die mit einem Los verbundenen unmittelbaren Herstellkosten sich also proportional zur Losgröße verhalten, ist nicht unbedingt als unrealistisch anzusehen. Ein derartiger Verlauf der unmittelbaren Herstellkosten läßt sich dadurch begründen, daß zwecks Erhöhung der Ausbringungsmenge produktionstechnisch eine zeitliche Anpassung in Form einer Ausdehnung der Arbeits- bzw. Produktionzeit bei unveränderter Leistungsintensität durchgeführt wird. Eine solche, in der betrieblichen Praxis gebräuchliche Anpassung führt in der Regel zu linearen Kostenverläufen.

Als völlig unrealistisch muß dagegen die Annahme einer unendlich hohen *Produktionsgeschwindigkeit* und mithin ein sich analog zur Bestellmengenplanung gemäß Bild 3 ergebender Lagerbestandsverlauf angesehen werden. Es ist vielmehr davon auszugehen, daß die Produktionsgeschwindigkeit v zwar höher als die Bedarfsrate bzw. Absatzgeschwindigkeit r ist, aber einen *endlichen Wert* aufweist. Zwecks Festlegung des Lagerbestandsverlaufs und des durchschnittlichen Lagerbestandes bei endlicher Produktionsgeschwindigkeit gilt es zu beachten, daß schon während der Fertigung eines Loses der Größe x ein Abruf produzierter Einheiten erfolgt und der maximale Lagerbestand dann nicht der Menge x, sondern lediglich der Menge

$$x - \frac{x}{v} r = x \left(1 - \frac{r}{v} \right)$$

entspricht, also der Losgröße abzüglich der während der Produktionszeit des Loses (x/v) nachgefragten Teile.

Für den durchschnittlichen Lagerbestand ergibt sich mithin der Wert (vgl. auch Bild 6)

$$\frac{x}{2} \left(1 - \frac{r}{v} \right).$$

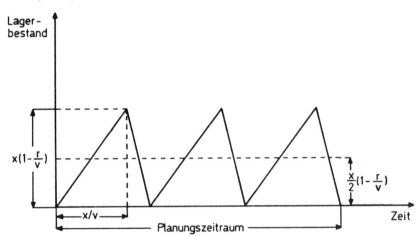

Bild 6. Lagerbestandsverlauf bei endlicher Produktionsgeschwindigkeit.

Entsprechend fallen bei der Losgröße x insgesamt Lagerhaltungskosten (K_L) in Höhe von

$$K_L = \frac{x}{2} \left(1 - \frac{r}{v} \right) h_u \frac{z}{100}$$

an. Die im Zusammenhang mit der Deckung des Gesamtbedarfs Q entstehenden Bereitstellungskosten (K) betragen

$$K = Q h_u + h_m \frac{Q}{x} + \frac{x}{2} \left(1 - \frac{r}{v} \right) h_u \frac{z}{100}.$$

Die Formel für die kostenoptimale Losgröße lautet dann

$$x_{opt} = \sqrt{\frac{200\, h_m Q}{h_u \left(1 - \dfrac{r}{v}\right) z}} \; .$$

Frage 3: Ist die dem klassischen Bestellmengenmodell zugrunde liegende Prämisse einer konstanten Bedarfsrate generell als realitätsfern zu bezeichnen?

Frage 4: Welche Annahme über die Kapitalfreisetzung liegt dem beim klassischen Bestellmengenmodell unterstellten Lagerbestandsverlauf zugrunde?

Frage 5: Welche Konsequenz ergibt sich bei Aufhebung der Annahme einer unendlich hohen Produktionsgeschwindigkeit unter sonst unveränderten Daten für den Wert der optimalen Losgröße?

2.1.1.3. Beschaffungszeitpunktplanung

Die Aufgabe der Beschaffungszeitpunktplanung besteht hier darin, für jedes verbrauchsgebunden disponierte Fremdbezugsteil eine Menge in der Weise festzulegen, daß bei einem Absinken des Lagerbestands auf diese Menge eine Bestellauslösung zu erfolgen hat. Eine derartige Menge wird als Meldemenge, Meldebestand oder auch als Bestellpunkt bezeichnet.

Im Gegensatz zur Bestellmengenplanung findet im Rahmen der Beschaffungszeitpunktplanung die Tatsache Berücksichtigung, daß es sich bei dem mittels einer verbrauchsgebundenen Bedarfsplanung prognostizierten Materialbedarf nicht um eine deterministische, d. h. sichere, sondern um eine stochastische, d. h. zufallsbestimmte Größe handelt. Lediglich die Wahrscheinlichkeitsverteilung (bzw. Dichtefunktion) des innerhalb der Wiederbeschaffungszeit insgesamt anfallenden Materialbedarfs soll jetzt bekannt sein. Dabei wird gewöhnlich eine *Normalverteilung* unterstellt. Die bei der *Bestimmung der Meldemenge* verfolgte Zielsetzung bildet dann nicht die gänzliche Vermeidung von Fehlmengen, sondern die Sicherstellung eines vorgegebenen, unter 100 % liegenden *Servicegrades*. Dies bedeutet, daß der auf die Meldemenge herabgesunkene Lagerbestand, der zur Deckung des während der Wiederbeschaffungszeit auftretenden Materialbedarfs zur Verfügung steht, eine bestimmte Bedarfsdeckungswahrscheinlichkeit ermöglichen soll, die kleiner als 1 ist.

Die Parameter der zugrunde gelegten Normalverteilung sind der Erwartungswert $\overline{d}$ als Mittelwert des in der Wiederbeschaffungszeit insgesamt entstehenden Bedarfs und die Standardabweichung s. Unabhängig von den konkreten Werten der Parameter gilt generell, daß die Wahrscheinlichkeit des Auftretens eines Bedarfs, der gleich oder kleiner als der Wert $\overline{d}$ ist, 50 % beträgt, die Wahrscheinlichkeit des Auftretens eines Bedarfs, der gleich oder kleiner als der Wert $\overline{d} + s$ ist, 84,13 % beträgt usw. (vgl. Bild 7). Eine Meldemenge in Höhe von beispielsweise $\overline{d} + s$ würde also sicherstellen, daß unter der Voraussetzung einer kontinuierlichen Fortschreibung und Überwachung des Lagerbestandes bei Bestellauslösung ein Lagerbestand von $\overline{d} + s$ zur Verfügung stünde, der in 84,13 % der Fälle den anfallenden Bedarf decken, also einen Servicegrad von 84,13 % gewährleisten würde. Umgekehrt wäre z. B. bei einem geforderten Servicegrad von 97,72 % ein Meldebestand in Höhe von $\overline{d} + 2s$ festzulegen. Allgemein bestimmt sich die Meldemenge (b_M) gemäß

$$b_M = \overline{d} + sx,$$

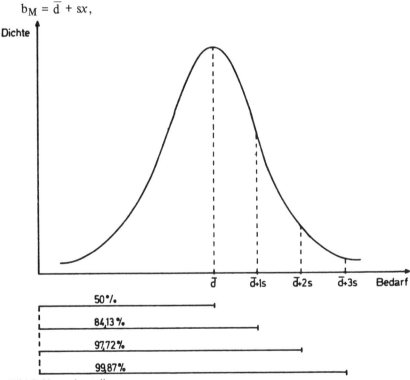

Bild 7. Normalverteilung.

26

worin x einen *Sicherheitsfaktor* symbolisiert, dessen Wert bei einer Normalverteilung in eindeutiger Beziehung zum gewünschten Servicegrad steht. Die Differenz zwischen Meldemenge b_M und Bedarfsmittelwert $\overline{d}$ wird gewöhnlich als *Sicherheitsbestand* bezeichnet.

Die Standardsoftwarepakete für eine integrierte Material- bzw. Fertigungsdisposition sehen i. d. R. eine näherungsweise und ständig aktualisierte Bestimmung der Parameter $\overline{d}$ und s vor. Dies soll derart geschehen, daß $\overline{d}$ jeweils in Höhe eines nach der exponentiellen Glättung erster Ordnung fortgeschriebenen Bedarfsmittelwerts festgesetzt wird. Für s ist unter Berücksichtigung der Beziehung

$$s \approx 1{,}25 \text{ MAD}$$

der sich aus der Multiplikation der mittleren absoluten Abweichung (MAD) mit dem Faktor 1,25 ergebende Wert anzusetzen; die mittlere absolute Abweichung des effektiv aufgetretenen Bedarfs vom Bedarfsmittelwert gilt es ebenfalls mit Hilfe der exponentionellen Glättung erster Ordnung fortzuschreiben.

Frage 6: Wie hoch ist der Sicherheitsbestand, wenn der Meldebestand einen Servicegrad von 99,87 % sicherstellen soll?

2.1.2. System einer integrierten verbrauchsgebundenen Materialdisposition

Zwecks Entwicklung eines Systems einer integrierten (und rechnergestützten) verbrauchsgebundenen Materialdisposition sind die angeführten Planungsverfahren programmäßig zu implementieren und die verschiedenen Programme mittels Herstellung der erforderlichen Datenbeziehungen untereinander zu einer Einheit zusammenzufügen.

Eine in sich geschlossene verbrauchsgebundene Materialdisposition für Fremdbezugsteile erfordert den Einsatz folgender Programme, die sich teilweise aus verschiedenen Unterprogrammen zusammensetzen:

— Programm „Lagerbestandsführung"
   Durch dieses Programm wird der jeweils vorhandene Lagerbestand fortgeschrieben und (in einem weiteren Unterprogramm) für jede verbrauchsgebunden disponierte Materialart der in einer Periode effektiv angefallene Bedarf als Grundlage der Bedarfsvorhersage ermittelt.

— Programm „Bedarfsprognose"
   Dieses Programm besteht aus mehreren, bezogen auf eine Materialart alternativ einzusetzenden Unterprogrammen, mittels derer die Bestim-

mung von Vorhersagewerten unter Verwendung exponentieller Glättungsverfahren erfolgt.

— Programm „Bestelldisposition"
Dieses Programm umfaßt drei sich ergänzende Unterprogramme:
— Bestimmung der Meldemenge.
— Vergleich des aktuellen Lagerbestandes mit der Meldemenge und ggf. Auslösung einer Bestellung bzw. Hinweis auf die Notwendigkeit einer Bestellung.
— Ermittlung der Bestellmenge.

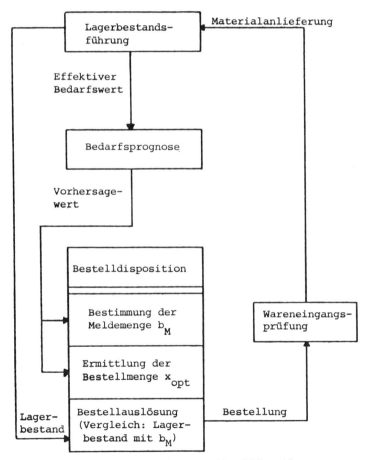

Bild 8. System einer verbrauchsgebundenen Materialdisposition.

— Programm „Wareneingangsprüfung"

Dieses Programm stellt u. a. Anzahl der eingetroffenen und den qualitativen Anforderungen genügenden Materialien als Daten für die Lagerbestandsführung bereit.

Die Verwendung der skizzierten Programme und ihre Verknüpfung durch Verwirklichung des jeweils erforderlichen Datentransfers führt zu dem in Bild 8 dargestellten System einer integrierten (und rechnergestützten) verbrauchsgebundenen Materialdisposition für Fremdbezugsteile.

Die Losgrößen für Eigenfertigungsteile werden mittels eines gesonderten Programms festgelegt und die betreffenden Daten dann an die Termindisposition weitergeleitet.

2.2. Programmgebundene Materialdisposition

Bei einer programmgebundenen Materialdisposition wird von einem Planungszeitraum ausgegangen, der in einzelne, gewöhnlich gleichlange Teilperioden zerlegt ist. Die Grundlage für die Materialdisposition bildet ein zu realisierendes Absatzprogramm bzw. ein übergeordnetes Produktionsprogramm. Ein derartiges Programm enthält die den verschiedenen Teilperioden des Planungszeitraumes zugeordneten sog. Primärbedarfswerte. Der für eine Produktart und Teilperiode ausgewiesene *Primärbedarf* kennzeichnet die Menge, die — je nach Konvention — spätestens am Anfang oder am Ende der betreffenden Teilperiode von dem entsprechenden Produkt zur Verfügung stehen muß. Die programmgebundene Materialdisposition umfaßt dann die Gesamtheit von Aktivitäten, die auf die kostengünstige und termingerechte Deckung des Primärbedarfs, letztlich auf die kostengünstige und termingerechte Bereitstellung von Fremdbezugsteilen gerichtet sind, welche in die den Primärbedarf jeweils auslösenden Produkte direkt oder indirekt eingehen. Dieser Aufgabenkomplex wird gewöhnlich in folgende drei Teilaufgaben bzw. Teilplanungsbereiche untergliedert:

— Bestimmung des in den einzelnen Teilperioden des Planungszeitraumes auftretenden Bedarfs an Eigenfertigungsteilen (untergeordneten Baugruppen sowie Einzelteilen) und Fremdbezugsteilen (Bedarfsplanung).

— Zusammenfassung der jeweiligen Periodenbedarfe zu wirtschaftlichen Losgrößen (Fertigungsaufträgen) bzw. Bestellmengen (Auftragsplanung).

— Festlegung von Bestellterminen für Fremdbezugsteile, die jeweils eine rechtzeitige Bestellauslösung sicherstellen (Beschaffungszeitpunktplanung).

Die genaue zeitliche Abfolge der mit den angeführten Planungsbereichen verbundenen Planungsschritte hängt davon ab, ob es sich bei den Primärbedarfswerten um Bruttobedarfswerte (Fall 1) oder um Nettobedarfswerte (Fall 2) handelt.

Im Fall 1 ist zunächst eine Nettobedarfsermittlung für die einen Primärbedarf auslösenden Produktarten vorzunehmen. Der erste Planungszyklus umfaßt dann folgende, hintereinander durchzuführende Teilschritte:

(1) Nettobedarfsermitttlung.

(2) Zusammenfassung von Nettobedarfen zu wirtschaftlichen Losgrößen.

(3) Vorlaufverschiebung.

(4) Sekundärbedarfsbestimmung mittels Stücklistenauflösung für jeweils direkt untergeordnete Baugruppen und Einzelteile; hiermit sind die Baugruppen und Einzelteile angesprochen, die direkt in die (übergeordneten) Produkte bzw. Baugruppen eingehen, für welche die Teilschritte 1 bis 3 bereits vollzogen wurden.

(5) Bruttobedarfsermittlung für jeweils direkt untergeordnete Baugruppen und Einzelteile.

Im Fall 2 wird mit einer Zusammenfassung der Nettobedarfe zu wirtschaftlichen Losgrößen für Produkte, bezüglich derer ein Primärbedarf auftritt, begonnen. Der erste Planungszyklus besteht hier aus der Abfolge:

(1) Zusammenfassung von Nettobedarfen zu wirtschaftlichen Losgrößen.

(2) Vorlaufverschiebung.

(3) Sekundärbedarfsbestimmung mittels Stücklistenauflösung für jeweils direkt untergeordnete Baugruppen und Einzelteile.

(4) Bruttobedarfsermittlung für jeweils direkt untergeordnete Baugruppen und Einzelteile.

(5) Nettobedarfsermittlung für jeweils direkt untergeordnete Baugruppen und Einzelteile.

In beiden Fällen wird nach Vollzug des betreffenden fünften Planungsschrittes der jeweilige Planungszyklus neu durchlaufen. Dabei ist lediglich ergänzend zu beachten, daß für Fremdbezugsteile der zweite Schritt (Fall 1) bzw. der erste Schritt (Fall 2) die Zusammenfassung von Nettobedarfswerten zu wirtschaftlichen Bestellmengen umfaßt und für diese Teile in einem zusätzlichen Planungsschritt im Rahmen der Beschaffungszeitpunktplanung Bestelltermine und Anlieferungstermine bestimmt werden.

Ein Planungszyklus ist solange zu wiederholen, bis sämtliche Produkte, die einen Primärbedarf induzieren, vollständig aufgelöst sind.

Nachstehend soll eine nähere Behandlung der verschiedenen Planungsschritte einschließlich der relevanten Planungsverfahren erfolgen. Die allgemeinen Ausführungen begleitend wird dabei zwecks Veranschaulichung eine konkrete, in der betrieblichen Praxis aufgetretene Problemstellung erörtert.

Der praktische Fall bezieht sich auf die Fertigung einer bestimmten Schmierölpumpe, die in verschiedenen Motortypen Verwendung findet. Die genaue Zusammensetzung dieses Produktes ist in Bild 9 dargestellt. Mit den Zahlen 0, 1, 2 und 3 werden gemäß der üblichen Konvention ver-

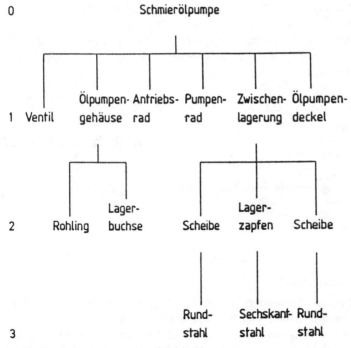

Bild 9. Zusammensetzung einer Schmierölpumpe.

schiedene „Fertigungsstufen" angesprochen, wobei allerdings die Zahl 0 als Basis jeweils auf ein Produkt (hier die Ölpumpe) hinweist, das hinsichtlich einer programmgebundenen Materialdisposition einen Primärbedarf auslöst. Die Ziffer 1 kennzeichnet eine Endmontage, Ziffer 2 Vor- bzw. Zwischenmontagen und Ziffer 3 Verarbeitungsstufen, in denen die für die Montageprozesse benötigten Einzelteile zu produzieren sind. Im weiteren werden die Beziehungen zwischen der Schmierölpumpe, der diesem Produkt direkt untergeordneten Baugruppe Ölpumpengehäuse und dem zur Erstellung dieses Gehäuses unmittelbar benötigten Fremdbezugsteil Rohling analysiert. Die betreffenden Aussagen gelten aber völlig analog für die übrigen Baugruppen sowie Einzelteile und für die Relationen zwischen zwei jeweils unmittelbar aufeinanderfolgenden Fertigungsstufen.

Zwecks Sicherstellung einer grundsätzlich einheitlichen Systematik für die Materialdisposition wird unterstellt, daß für die Schmierölpumpe die Primärbedarfswerte als Nettobedarfswerte vorliegen und die weiter unten noch erläuterte Festlegung wirtschaftlicher Losgrößen gemäß Bild 10 als erster Planungsschritt des Falles 2 bereits erfolgt ist. Der Wert 158 bedeutet z. B., daß die Nettobedarfswerte der Perioden 3, 4 und 5 zu einem Los zusammengefaßt wurden, daß spätestens bis zum Beginn der dritten Teilperiode fertiggestellt sein muß; entsprechend sind die übrigen Werte zu interpretieren.

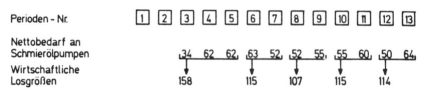

Bild 10. Nettobedarfswerte, wirtschaftliche Losgrößen und Fertigstellungstermine: Schmierölpumpe.

2.2.1. Planungsschritte und Planungsverfahren

2.2.1.1. Bedarfsplanung

Die Aufgabe der programmgebundenen Bedarfsplanung besteht vornehmlich darin, Bedarfstermine und Bedarfsmengen für untergeordnete, d. h. in (übergeordnete) Baugruppen eingehende Materialien zu bestimmen; die Bedarfstermine entsprechen dabei je nach Konvention jeweils dem Anfang oder dem Ende einer Teilperiode. Die Erfüllung der genannten Aufgabe erfordert eine periodengenaue Festlegung des unmittelbar aus Fertigungsaufträgen bzw. Losen resultierenden Materialbedarfs und damit im ersten Schritt eine Vorlaufverschiebung der den Losen zugeordneten Fertigstellungstermine.

2.2.1.1.1. Vorlaufverschiebung

Der Fertigstellungstermin für ein Los kann nur dann eingehalten werden, wenn die zur Produktion dieses Loses unmittelbar benötigten Materialien eine bestimmte Zeitspanne vor diesem Termin in ausreichender Menge zur Verfügung stehen. Eine termingerechte Festsetzung des durch einen Fertigungsauftrag unmittelbar induzierten Materialbedarfs als Voraussetzung für eine rechtzeitige Bereitstellung der betreffenden Teile soll mittels einer Vorlaufverschiebung sichergestellt werden. Hierbei erfolgt die zeitliche Vorverlegung des Fertigstellungstermins eines Auftrags um die *Vorlaufzeit*. Unter der i. d. R. getroffenen Annahme, daß sämtliche der Baugruppe, auf die sich ein Fertigungsauftrag bezieht, direkt untergeordneten Teile gleichzeitig verfügbar sein müssen, wird einem Fertigungsauftrag genau eine Vorlaufzeit zugeordnet. Der sich durch die Vorlaufverschiebung ergebende Termin stellt dann den (spätesten) Bereitstellungstermin für sämtliche Teile dar, die zur Durchführung des Fertigungsauftrags erforderlich sind. Das diesem Termin zugeordnete Auftragsvolumen wird nunmehr als *Bedarf für Auflösung* bezeichnet.

Die für einen Fertigungsauftrag angesetzte Vorlaufzeit entspricht der geschätzten Durchlaufzeit des betreffenden Auftrags. Umfaßt ein Fertigungsauftrag nur einen Arbeitsvorgang, so stellt seine *Durchlaufzeit* die Zeitspanne zwischen dem Eintreffen der zu bearbeitenden Bauteile vor dem (der) Arbeitsplatz (Arbeitsplatzgruppe), an dem (der) der Arbeitsvorgang vorzunehmen ist und dem Abschluß dieses Vorgangs dar; der Abschluß bzw. die Beendigung des einzigen bzw. letzten Arbeitsvorgangs liege dann vor, wenn die gemäß Fertigungsauftrag erstellten Erzeugnisse im Bereitstellungslager eingetroffen sind. Sind mehrere, hintereinander zu vollziehende Arbeitsgänge für die Erledigung eines Fertigungsauftrages erforderlich, so handelt es sich bei der Durchlaufzeit um die Zeitspanne zwischen dem Eintreffen der zu bearbeitenden Bauteile vor dem (der) Arbeitsplatz (Arbeitsplatzgruppe), an dem (der) der in der Bearbeitungsreihenfolge an erster Stelle stehende Arbeitsvorgang durchzuführen ist und der Beendigung des letzten Arbeitsvorgangs in der Bearbeitungsreihenfolge.

Grundsätzlich setzt sich die Durchlaufzeit, die bei der Darstellung der Durchlaufterminierung noch eingehender analysiert wird, aus Rüst-, Bearbeitungs- und ablaufbedingte Wartezeiten einschließende Übergangszeiten zusammen. Auf die ablaufbedingten Wartezeiten entfällt gewöhnlich der größte Anteil an der Durchlaufzeit.

In dem praktischen Fall wurde unabhängig von der Losgröße eine konstante Durchlaufzeit von einer Teilperiode für jeden Fertigungsauftrag festgesetzt. Durch die Vorlaufverschiebung ergibt sich dann der in Bild 11 aufgeführte jeweilige Bedarf für Auflösung. Z. B. besagt der Wert 158 für die zweite Teilperiode, daß (spätestens) zu Beginn dieser Teilperiode die für die Erstellung von 158 Ölpumpen benötigten Gehäuse zur Verfügung stehen müssen.

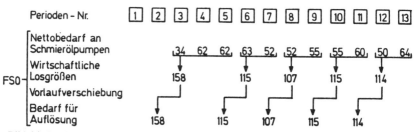

Bild 11. Vorlaufverschiebung und Bedarf für Auflösung: Schmierölpumpe.

2.2.1.1.2. Sekundärbedarfsplanung

Der jeweils aus einem Fertigungsauftrag resultierende Bedarf an für die Durchführung des betreffenden Auftrags unmittelbar erforderlichen Materialien wird als *Sekundärbedarf* bezeichnet, ein Bedarf, der letztlich infolge des Auftretens von Primärbedarfswerten entsteht.

Die Ermittlung des Sekundärbedarfs erfolgt mittels einer sog. Stücklistenauflösung. Der mit einem Fertigungsauftrag verbundene, einer bestimmten Teilperiode zuzuordnende Sekundärbedarf an einem Material (untergeordnete Baugruppe oder Einzelteil) bestimmt sich danach in der Weise, daß der betreffende Bedarf für Auflösung mit einer Größe multipliziert wird, welche die direkt benötigten Einheiten des betrachteten Materials pro Einheit der übergeordneten Baugruppe, auf die sich der Bedarf für Auflösung bezieht, angibt. Diese Größe läßt sich einer Struktur- oder Baukastenstückliste für die übergeordnete Baugruppe entnehmen.

In dem praktischen Fall wird pro Ölpumpe direkt ein Gehäuse benötigt. Mithin ergeben sich die in Bild 12 angeführten Sekundärbedarfswerte für das Gehäuse.

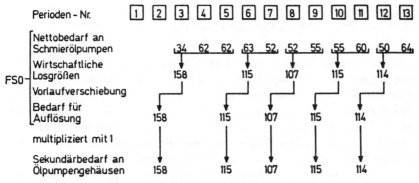

Bild 12. Sekundärbedarfswerte: Ölpumpengehäuse.

Exkurs: Stücklisten

Stücklisten als Hilfsmittel der Sekundärbedarfsplanung stellen allgemein mengenmäßige Verzeichnisse von Baugruppen und Einzelteilen dar, die ein Fertigerzeugnis bzw. eine übergeordnete Baugruppe enthält. Mit der Strukturstückliste, der Baukastenstückliste und der Mengenübersichtsstückliste lassen sich drei verschiedene, in dem konkreten Aufbau voneinander abweichende Stücklistenformen unterscheiden.

Eine *Strukturstückliste* gibt die genaue Zusammensetzung eines Fertigerzeugnisses bzw. einer Baugruppe und jeder Baugruppe, die in einer übergeordneten Baugruppe vorkommt, nach fertigungstechnischen Gesichtspunkten bzw. nach dem zeitlichen Montageablauf an. Die Mengenangaben beziehen sich jeweils auf eine Einheit einer direkt übergeordneten Baugruppe, d. h. für ein bestimmtes Material wird die Menge angeführt, die unmittelbar zur Erstellung der betreffenden Baugruppe erforderlich ist.

Eine *Baukastenstückliste* für eine Baugruppe umfaßt lediglich die Einzelteile und Baugruppen, die direkt in eine Einheit der entsprechenden übergeordneten Baugruppe eingehen. Der Rückgriff auf Baukastenstücklisten erweist sich insbesondere in Verbindung mit dem Einsatz rechnergestützter Verfahren zur Material- bzw. Fertigungsdisposition als vorteilhaft. Bei einem System von Baukastenstücklisten wird die Zusammensetzung einer Baugruppe nur einmal gespeichert, was insbesondere bei einer großen Zahl von Mehrfachverwendungsteilen, wie es in vielen Industriezweigen anzutreffen ist, zu einer erheblichen Einsparung an Speicherplatzbedarf gegenüber der Verwendung von Strukturstücklisten führt. Der gesamte strukturelle Aufbau eines Fertigerzeugnisses bzw. einer übergeordneten Baugruppe, der aus einer Baukastenstückliste zunächst nicht ersichtlich wird, läßt sich durch das Prinzip der Adreßkettung wieder leicht rekonstruieren.

Ebenso wie eine Strukturstückliste enthält eine *Mengenübersichtsstückliste* alle Einzelteile und Baugruppen, aus denen sich ein Fertigerzeugnis bzw. eine übergeordnete Baugruppe zusammensetzt. Sämtliche Mengenangaben beziehen sich jetzt aber auf eine Einheit der Baugruppe, für welche die Mengenübersichtsstückliste erstellt worden ist, d. h. hinsichtlich jedes Teils erfolgt die Angabe, wieviel Einheiten insgesamt erforderlich sind, um eine Einheit des Fertigerzeugnisses bzw. der übergeordneten Baugruppe zu erstellen. Aus einer Mengenübersichtsstückliste gehen mithin die unmittelbaren Beziehungen zwischen Baugruppen und direkt untergeordneten Teilen nicht hervor. Insofern läßt sich eine Sekundärbedarfsplanung in der angeführten Vorgehensweise und eine darauf aufbauende Nettobedarfsplanung auf der Basis von Mengenübersichtsstücklisten nicht durchführen.

Beispiel: Stücklisten

Ein Fertigerzeugnis F weise die in Bild 13 dargestellte Zusammensetzung, gegliedert nach Fertigungsstufen auf; Großbuchstaben kennzeichnen dabei Baugruppen und Kleinbuchstaben Einzelteile.

Fertigungsstufe

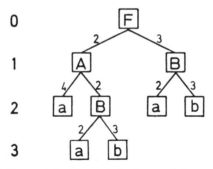

Bild 13. Erzeugnisstruktur nach Fertigungsstufen.

Die entsprechenden Stücklisten weisen dann folgenden Inhalt auf (vgl. Tabellen 1 bis 3):

36

Tabelle 1. Strukturstückliste für Erzeugnis F.

Fertigungsstufe	Bezeichnung des Teils	Menge
. 1	A	2
. . 2	a	4
. . 2	B	2
. . . 3	a	2
. . . 3	b	3
. 1	B	3
. . 2	a	2
. . 2	b	3

Tabelle 2. Baukastenstückliste für Erzeugnis F.

Bezeichnung des Teils	Menge
A	2
B	3

Tabelle 3. Mengenübersichtsstückliste für Erzeugnis F.

Bezeichnung des Teils	Menge
A	2
B	7
a	22
b	21

2.2.1.1.3. Bruttobedarfsplanung

Neben dem Sekundärbedarf, wie er oben in Anlehnung an die übliche Definition gekennzeichnet wurde, kann für ein Teil auch ein sog. *verbrauchsgebundener Bedarf* auftreten, nämlich dann, wenn das betreffende Teil zur Erstellung übergeordneter Baugruppen benötigt wird, die Ermittlung des hieraus resultierenden Bedarfs aber nicht mittels Stücklistenauflösung erfolgt. Verbrauchsgebunden besagt ja, daß die Bedarfswerte auf der Grundlage der für das betrachtete Teil in der Vergangenheit effektiv auf-

37

getreten Bedarfswerte mit Hilfe bestimmter statistischer Verfahren prognostiziert werden.

Über eine unternehmungsinterne Nachfrage hinaus kann ferner eine externe Nachfrage nach einem Teil bestehen, die für dieses Teil zusätzlich einen Primärbedarf im Sinne eines *Ersatzteilbedarfs* auslöst. Da dieser Bedarf i. d. R. aber auch verbrauchsgebunden, d. h. auf der Basis von Vergangenheitswerten bestimmt wird, ist die gewöhnlich vorgenommene Unterscheidung in verbrauchsgebundenen Bedarf und Ersatzteilbedarf bzw. Primärbedarf (Ersatzteile) als inkonsistent zu bezeichnen. Es wäre dann schon sinnvoller, den verbrauchsgebundenen Bedarf als Oberbegriff zu verwenden und diesen Bedarf in einen intern bedingten „Produktionsbedarf" und extern hervorgerufenen Ersatzteilbedarf zu untergliedern. Die sich dann ergebende Bedarfsabgrenzung könnte aber immer noch nicht als eindeutig bezeichnet werden; dem verbrauchsgebundenen Bedarf würden der Sekundärbedarf und der Primärbedarf gegenüberstehen.

Da der mittels Stücklistenauflösung errechnete Sekundärbedarf ebenso wie der „Produktionsbedarf" im Gegensatz zum Primärbedarf unmittelbar durch eine unternehmungsinterne Nachfrage induziert wird, erscheint es zweckmäßig, den Inhalt des Begriffes „Sekundärbedarf" zu erweitern und eine erste grundsätzliche Differenzierung in *Sekundärbedarf* und *Primärbedarf* vorzunehmen. Zwecks widerspruchsfreier bzw. eindeutiger Abgrenzung ist dann der Sekundärbedarf in einen *programmgebundenen,* d. h. mittels Stücklistenauflösung festgelegten *Sekundärbedarf* und in einen *verbrauchsgebundenen,* d. h. mittels statistischer Prognosemethoden bestimmten *Sekundärbedarf* zu untergliedern; bezüglich des Primärbedarfs bietet sich eine Unterteilung in *Fertigproduktbedarf* und *Ersatzteilbedarf* an.

Gemäß der hier vorgeschlagenen Bedarfsabgrenzung (vgl. Bild 14) entspricht der einer bestimmten Teilperiode zugeordnete Bruttobedarf an einem Teil als die zu Periodenbeginn bzw. -ende insgesamt angeforderte und bereitzustellende Menge der Summe von programmgebundenem Sekundärbedarf, verbrauchsgebundenem Sekundärbedarf und Ersatzteilbedarf der betreffenden Periode.

In dem praktischen Fall tritt für das Ölpumpengehäuse weder ein verbrauchsgebundener Sekundärbedarf noch ein Ersatzteilbedarf auf, so daß der jeweilige (programmgebundene) Sekundärbedarf auch den Bruttobedarf darstellt.

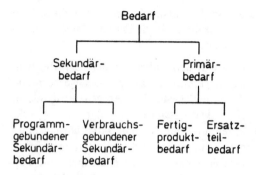

Bild 14. Bedarfsklassifizierung.

2.2.1.1.4. Nettobedarfsplanung

Der einer bestimmten Teilperiode zugeordnete (positive) *Nettobedarf* an einem Teil kennzeichnet die Menge, die bisher weder verfügbar noch in einem bereits geplanten bzw. veranlaßten Auftrag zwecks Bedarfsdeckung berücksichtigt ist und insofern mittels noch vorzunehmender Auftragserteilung und -durchführung (spätestens) bis zum betreffenden Periodenanfang bzw. -ende bereitgestellt werden muß.

Zwecks Bestimmung des in einer Teilperiode für ein Teil auftretenden Nettobedarfs sind von dem für die entsprechende Periode ausgewiesenen Bruttobedarf unter der Voraussetzung, daß für das betrachtete Teil keine Bestandsreservierungen vorgenommen wurden, folgende Bestände abzuziehen:

— Frei verfügbare Lagerbestände,

— frei verfügbare Werkstattbestände,

— Auftragsbestände von u. a. auf die Deckung des betreffenden Bedarfs ausgerichteten Aufträgen, die voraussichtlich vor der relevanten Teilperiode oder genau zum Anfang bzw. Ende dieser Periode abgeschlossen sind.

Eine Substraktion der Bestände von dem Bruttobedarf ist allerdings nur insoweit vorzunehmen, als die Differenz Bruttobedarf abzüglich Bestände den Wert Null nicht unterschreitet. Ist beispielsweise der für die Teilperiode i noch frei verfügbare Lagerbestand l_i größer als der dieser Periode zugeordnete Bruttobedarf b_i, so wird für Periode i ein Nettobedarf in Höhe von 0 ausgewiesen und die Differenz $l_i - b_i$ als frei verfügbarer Lagerbestand für die Periode (i + 1) angesetzt. Analoges gilt hinsichtlich der anderen Bestandsarten.

Der *Lagerbestand* (i. e. S.) für ein Bauteil entspricht der Menge, die sich an einem gesonderten, von dem Produktionsbereich räumlich abgegrenzten Ort, dem Bereitstellungslager, befindet.

Der *frei verfügbare Lagerbestand* ergibt sich, indem von dem Lagerbestand der Vormerkbestand als Teil des Lagerbestandes, hier als Lagervormerkbestand bezeichnet, und der Sicherheitsbestand abgezogen werden. Der *Lagervormerkbestand* stellt die Lagerbestandsmenge dar, die zwecks späterer Entnahme vom Bereitstellungslager für die Durchführung eines speziellen Fertigungsauftrags bzw. mehrerer bestimmter Fertigungsaufträge reserviert ist und für andere Bedarfsdeckungszwecke nicht mehr zur Verfügung steht. Der *Sicherheitsbestand* bildet denjenigen Teil des Lagerbestandes, der zur Bedarfsdeckung bei Auftreten unvorhergesehener Bedarfswerte und/oder ungeplanter Materialbereitstellungsverzögerungen mit dem Ziel der Vermeidung von Fehlmengen herangezogen werden soll.

Als *Werkstattbestand* wird die Menge gekennzeichnet, die dem Bereitstellungslager bereits entnommen wurde und zwecks (Weiter-)Bearbeitung in einer Fertigungsstätte lagert. Der Werkstattbestand ist in der Regel zu einem großen Teil auftragsgebunden. Für die richtige Ermittlung der jeweils frei verfügbaren Bestände erweist es sich deshalb als notwendig, auch – was gewöhnlich übersehen wird – hinsichtlich des Werkstattbestandes einen Vormerkbestand als Teil des Werkstattbestandes, hier als Werkstattvormerkbestand bezeichnet, zu führen. Der Werkstattbestand ist dann in den *Werkstattvormerkbestand* und in den *frei verfügbaren Werkstattbestand* als Differenz zwischen Werkstattbestand und Werkstattvormerkbestand zu untergliedern.

Bei gesondertem Ausweis eines Werkstattbestandes erweist es sich für Dispositionszwecke als erforderlich, den üblicherweise undifferenziert benutzten und alleine auf den Lagerbestand bezogenen Begriff des Vor-

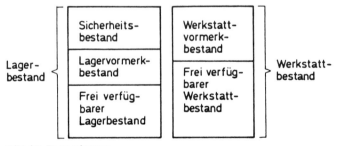

Bild 15. Bestandsarten.

merkbestandes jeweils zu spezifizieren und eine Unterscheidung in Lager-vormerkbestand und Werkstattvormerkbestand vorzunehmen (vgl. auch Bild 15).

In dem praktischen Fall ist im Zusammenhang mit der Bestimmung des Nettobedarfs an Ölpumpengehäusen zu berücksichtigen, daß ein frei ver-fügbarer Lagerbestand von 10 Gehäusen vorhanden ist und bereits ein die Erstellung von 200 Gehäusen vorsehender Fertigungsauftrag veranlaßt wurde, der bis zum Beginn der zweiten Teilperiode durchgeführt sein soll. Es ergeben sich dann die in Bild 16 aufgeführten, im Zeitablauf schwan-kenden Nettobedarfswerte für das Ölpumpengehäuse.

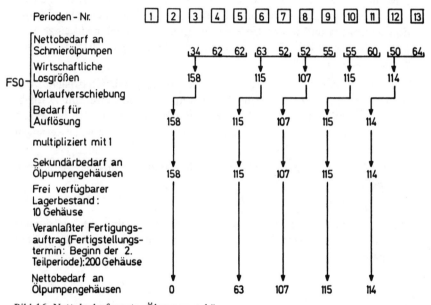

Bild 16. Nettobedarfswerte: Ölpumpengehäuse.

Frage 7: Warum erweist sich die Verwendung von Mengenübersichtsstück-listen für eine Nettobedarfsplanung generell als ungeeignet?

Frage 8: Wie errechnet sich ausgehend von dem für eine bestimmte Teil-periode ausgewiesenen programmgebundenen Sekundärbedarf allgemein der dieser Periode zuzuordnende Nettobedarf für eine Materialart?

2.2.1.2. Auftragsplanung

Im Rahmen der programmgebundenen Materialdisposition zielt die Auftragsplanung darauf ab, *wirtschaftliche Auftragsgrößen*, d. h. *wirtschaftliche Losgrößen* und *wirtschaftliche Bestellmengen* bei *variabler Bedarfsrate*, also bei im Zeitablauf schwankenden Nettobedarfswerten festzulegen. Als heuristische Planungsmethoden stehen hierzu (u. a.) folgende Näherungsverfahren zur Verfügung:

– Stückkostenverfahren,

– Kostenausgleichsverfahren,

– Selim-Algorithmus.

Die beiden zuerst angeführten Verfahren bzw. bestimmte Varianten davon werden in Standardsoftwarepaketen zur Material- bzw. Fertigungsdisposition angeboten und in den Unternehmungen auch zunehmend eingesetzt, wobei die betriebliche Praxis allerdings das Stückkostenverfahren zu bevorzugen scheint.

Hinsichtlich der Vorgehensweise zur Bestimmung wirtschaftlicher Auftragsgrößen unterscheiden sich die genannten Näherungsverfahren erheblich voneinander. Eine Gemeinsamkeit besteht aber darin, daß bei diesen Verfahren übereinstimmend jeweils von folgenden Annahmen ausgegangen wird:

– Eine Bereitstellung von Teilen ist jeweils nur zu Beginn einer Teilperiode möglich.

– Fehlmengen dürfen nicht auftreten.

Hieraus ergibt sich die Forderung, daß der in einer Teilperiode auftretende Bedarf spätestens bis zum Beginn der betreffenden Teilperiode gedeckt sein muß.

2.2.1.2.1. Erfassung der Kostenparameter

Für jedes der erwähnten Verfahren zur Festlegung wirtschaftlicher Auftragsgrößen bei variabler Bedarfsrate gilt, daß Losgrößen- und Bestellmengenermittlung bezüglich der formalen Rechenstruktur übereinstimmen. Da gemäß den angeführten Prämissen bei einer programmgebundenen Auftragsplanung zudem keine speziellen inhaltlichen Probleme für Eigenfertigungsteile einerseits und Fremdbezugsteile andererseits auftreten, erweist sich eine generelle Analyse der Auftragsermittlung bei im Zeitablauf schwankenden Nettobedarfswerten ohne konkrete Differenzierung in Losgrößen- und Bestellmengenplanung als sinnvoll. Bei dieser Analyse wird ohne wesentliche Einschränkung der Allgemeingültigkeit vorausgesetzt, daß neben den unmittelbaren Herstellkosten pro Eigenfertigungsteil auch der Beschaffungspreis pro Fremdbezugsteil eine konstante Größe darstellt. Der Fall der Mengenrabattgewährung läßt sich bei den relevanten Näherungsverfahren ohne grundsätzliche Änderung des jeweiligen Rechenschemas leicht berücksichtigen.

Zwecks Bestimmung wirtschaftlicher Auftragsgrößen sind folgende Kostenparameter (a, b und c) zu beachten:

a: Auftragsfixe Kosten, d. h. Kosten, die unabhängig vom Auftragsvolumen in konstanter Höhe anfallen, sofern ein Auftrag die (Kosten-) Bezugsbasis bildet.

b: „Proportionale" Bereitstellungskosten pro Materialeinheit; hiermit werden indirekt Kosten erfaßt, die sich — bezogen auf einen Auftrag — proportional zur Auftragsgröße verhalten und insofern pro Materialeinheit konstant sind.

c: Lagerhaltungskosten pro Materialeinheit und Teilperiode.

Für die Losgrößenbestimmung ist der Parameter a in Höhe der losfixen Kosten und der Parameter b in Höhe der unmittelbaren Herstellkosten pro Eigenfertigungsteil festzusetzen; der Parameter c erhält einen Wert, der dem Produkt aus unmittelbaren Herstellkosten pro Eigenfertigungsteil und gewähltem Lagerhaltungskostensatz pro Teilperiode entspricht.

Bei der Bestellmengenermittlung kennzeichnet der Parameter a die bestellfixen Kosten und der Parameter b den Beschaffungspreis pro Fremdbezugsteil; die Größe c ergibt sich durch Multiplikation des Beschaffungspreises pro Fremdbezugsteil mit dem relevanten Lagerhaltungskostensatz pro Teilperiode.

Unter Beachtung dieser Parameter und ihrer jeweiligen ökonomischen Bedeutung sollen nachstehend die bereits erwähnten Ansätze zur Auftragsplanung bei variabler Bedarfsrate näher erörtert werden.

2.2.1.2.2. Verfahren zur Ermittlung wirtschaftlicher Auftragsgrößen

2.2.1.2.2.1. Stückkostenverfahren

Für das Stückkostenverfahren werden in der Literatur auch die Ausdrücke „Dynamische Losgrößenrechnung" und „Dynamische Bestellmengenrechnung" verwendet; insofern läßt sich das Stückkostenverfahren zusammenfassend auch als *dynamische Auftragsrechnung* kennzeichnen. Das

Grundprinzip dieses Verfahrens besteht darin, für eine Materialart jeweils das Auftragsvolumen festzulegen, bei dem die mit diesem Volumen unmittelbar verbundenen Stückkosten ein Minimum annehmen.

Ausgehend von den Nettobedarfswerten der verschiedenen Teilperioden ist zunächst eine Entscheidung darüber zu treffen, ob ein zu Anfang der ersten Teilperiode fertiggestellter bzw. erledigter Auftrag nur den Bedarf der ersten Teilperiode oder auch zusätzlich den Bedarf der zweiten Teilperiode oder auch zusätzlich den Bedarf der zweiten und dritten Teilperiode usw. decken soll.

Nehmen allgemein die Stückkosten bei einem den Bedarf der ersten bis einschließlich der j*-ten Teilperiode deckenden Auftrag ein Minimum an, so stellt nach dem Stückkostenverfahren das betreffende Auftragsvolumen die wirtschaftliche Größe für einen zu Anfang der ersten Teilperiode abgeschlossenen Auftrag dar. Zur analogen Ermittlung des mengenmäßigen Umfangs des nächsten Auftrags, der mit Beginn der $(j^* + 1)$-ten Periode durchgeführt sein muß, wird diese Periode als erste Periode für die Neuberechnung festgesetzt. Dies ist jeweils solange zu wiederholen, bis auch der Bedarf der letzten Teilperiode durch einen Auftrag gedeckt wird.

Kennzeichnet d_i $(i = 1, 2, \ldots, n)$ den in der i-ten Teilperiode auftretenden Nettobedarf, so ergeben sich bei einer Auftragsgröße x_j, d. h. einem Auftrag, der den Bedarf j direkt aufeinanderfolgender Teilperioden deckt, Stückkosten (k_j) in Höhe von

$$k_j = \frac{a + b x_j + c \sum_{i=1}^{j} (i - 1) d_i}{x_j}$$

mit $x_j = \sum_{i=1}^{j} d_i.$

Dem Ansatz der Lagerhaltungskosten in Höhe von

$$c \sum_{i=1}^{j} (i - 1) d_i$$

liegt hier die Überlegung zugrunde, daß bei Einbeziehung des Bedarfs der i-ten Teilperiode in einen zu Beginn der ersten (Rechnungs-)Periode erledigten Auftrag für die entsprechende Menge eine vermeidbare Lagerdauer von genau $(i - 1)$ Teilperioden entsteht. Vermeidbar insofern, als die Menge zur Deckung des Bedarfs d_i erst am Anfang der i-ten Teilperiode verfügbar sein müßte und eine alternative Auftragspolitik einen Auftrag der Größe d_i vorsehen könnte, der gerade zum betreffenden Periodenbeginn abgeschlossen wird. Die berücksichtigten Lagerhaltungskosten umfassen mithin nur *entscheidungsrelevante, d. h.* durch die zu bestimmenden Auftragsgrößen beeinflußbare *Lagerhaltungskosten.* Die Lagerhaltungskosten, die in der i-ten Teilperiode in Abhängigkeit von dem zeitlichen Anfall des Bedarfs d_i innerhalb dieser Periode entstehen, können gemäß den oben angeführten Prämissen hinsichtlich der Materialbereitstellungszeitpunkte und Fehlmengen durch keine Auftragspolitik verhindert werden. Demnach ist es − was häufig übersehen wird − völlig gleichgültig, welcher Bedarfsverlauf jeweils innerhalb einer Teilperiode auftritt.

Unter dem Aspekt der Entscheidungsrelevanz von Kosten kann bei der Stückkostenminimierung auch auf die Einbeziehung der proportionalen Bereitstellungskosten (bx_j) verzichtet werden, da die auf eine Einheit bezogenen Bereitstellungskosten $(bx_j/x_j = b)$ unabhängig von der Auftragsgröße anfallen. Für die entscheidungsrelevanten Stückkosten $(\tilde{k}_j)$ ergibt sich mithin der Ausdruck

$$\tilde{k}_j = \frac{a + c \sum_{i=1}^{j} (i - 1)d_i}{x_j} = k_j - b.$$

Zu bestimmen gilt es jeweils

$$\min_{1 \leqslant j \leqslant n} \tilde{k}_j$$

Die hierzu erforderlichen Berechnungen können jeweils dann beendet werden, wenn die sich bei Einbeziehung des Bedarfs einer zusätzlichen Periode in einen Auftrag ergebenden Stückkosten erstmals ansteigen; eine weitere Erhöhung des Auftragsvolumens muß dann, wie sich leicht zeigen läßt, zwangsläufig auch zu einem weiteren Anstieg der Stückkosten führen.

Weist das Minimum den Wert $\tilde{k}_{j*}$ auf, so wird x_{j*} als wirtschaftliche Auftragsgröße gewählt. Zwecks analoger Festlegung des nächsten Auftragsvolumens ist $j* + 1 := 1$ zu setzen.

In dem praktischen Fall wurden zunächst die Nettobedarfswerte für die Schmierölpumpe zu wirtschaftlichen Losgrößen, wie sie in Bild 10 aufgeführt sind, zusammengefaßt. Folgende Daten liegen dieser Losgrößenbestimmung zugrunde:

— Auflage- bzw. losfixe Kosten in Höhe von a = 230 Geldeinheiten.
— Unmittelbare Herstellkosten pro Schmierölpumpe in Höhe von b = 120,8 Geldeinheiten pro Stück.
— Lagerhaltungskosten pro Ölpumpe und Teilperiode in Höhe von c = 1,6066 Geldeinheiten pro Stück und Teilperiode, basierend auf einem Lagerhaltungskostensatz von 1,33 % pro Teilperiode.

Tabelle 4. Loßgrößenermittlung für die Schmierölpumpe nach dem Stückkostenverfahren.

Periode des Planungszeitraums	③	④	⑤	⑥	...

Rechnungs-periode	①	②	③	④	...

Nettobedarf an Schmierölpumpen	34 $= d_1$	62 $= d_2$	62 $= d_3$	63 $= d_4$	...

$$x_1 = d_1 = 34 \longrightarrow \bar{k}_1 = \frac{a}{d_1} = \frac{230}{34} = 6{,}7647$$

$$x_2 = d_1 + d_2 = 96 \longrightarrow \bar{k}_2 = \frac{a + c \cdot 1 \cdot d_2}{d_1 + d_2} = \frac{230 + 99{,}6092}{96} = 3{,}4334$$

$$x_3 = d_1 + d_2 + d_3 = 158 \longrightarrow \bar{k}_3 = \frac{a + c(1 \cdot d_2 + 2 \cdot d_3)}{d_1 + d_2 + d_3} = \frac{230 + 298{,}8276}{158} = 3{,}3470$$

$$x_4 = d_1 + d_2 + d_3 + d_4 = 221 \longrightarrow \bar{k}_4 = \frac{a + c(1 \cdot d_2 + 2 \cdot d_3 + 3 \cdot d_4)}{d_1 + d_2 + d_3 + d_4} = \ldots = 3{,}7669$$

Wird die dritte Teilperiode des Planungszeitraumes als erste Teilperiode (Rechnungsperiode) für die Bestimmung des ersten Fertigungsauftrages angesehen, so ergeben sich nach dem Stückkostenverfahren bei den verschiedenen Auftragsgrößen die in Tabelle 4 angeführten entscheidungsrelevanten Stückkosten.

Es zeigt sich, daß die Stückkosten bei einer Erhöhung des Auftragsvolumens von $x_3 = 158$ Ölpumpen auf $x_4 = 221$ Ölpumpen erstmals ansteigen und folglich x_3 die wirtschaftliche Losgröße darstellt. Damit liegt – bezogen auf die ursprüngliche Periodennumerierung – ein den Bedarf der Perioden 3, 4 und 5 zusammenfassender Fertigungsauftrag vor, der bis zum Beginn der dritten Teilperiode durchgeführt sein soll und die ohne Unterbrechung hintereinander zu vollziehende Erstellung von 158 Ölpumpen vorsieht. Zur Bestimmung des nächsten, (spätestens) bis zum Anfang der Periode 6 des Planungszeitraums fertigzustellenden Auftrags, ist diese Teilperiode als Rechnungsperiode 1 anzusetzen. Die analog ermittelten weiteren wirtschaftlichen Losgrößen und Fertigstellungstermine können Bild 10 entnommen werden.

Bei der Losgrößenermittlung für das Ölpumpengehäuse sind folgende Ausgangsdaten zu beachten:

– Auflage- bzw. losfixe Kosten in Höhe von a = 230 Geldeinheiten.

– Proportionale Herstellkosten pro Ölpumpengehäuse in Höhe von b = 40 Geldeinheiten pro Stück.

– Lagerhaltungskosten pro Gehäuse und Teilperiode in Höhe von c = 0,5320 Geldeinheiten pro Stück und Teilperiode bei einem Lagerhaltungskostensatz von 1,33 % pro Teilperiode.

Die sich nach dem Stückkostenverfahren dann für das Gehäuse ergebenden wirtschaftlichen Losgrößen, deren Bestimmung analog zu den für die Ölpumpe dargestellten Berechnungen erfolgt, sind mit den zugehörigen Fertigstellungsterminen in Bild 17 aufgeführt.

Damit wurde ein Planungs- bzw. Rechenzyklus im Rahmen der programmgebundenen Materialdisposition vollständig durchgeführt.

Alle weiteren Rechenschritte vollziehen sich analog zu den näher erörterten Schritten bei dem betreffenden Zyklus, so daß auf eine detaillierte Darstellung verzichtet werden kann. Unterschiede bestehen nur in den jeweils zugrunde zu legenden Daten. So gilt für den Rohling:

– Frei verfügbarer Lagerbestand: 20 Rohlinge.

– Bestellfixe Kosten in Höhe von a = 150 Geldeinheiten.

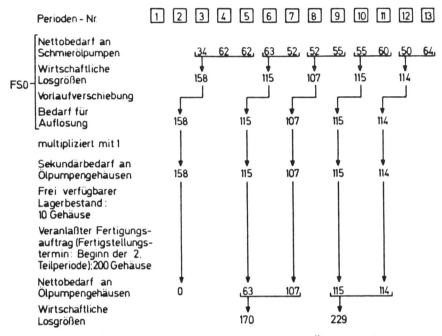

Bild 17. Wirtschaftliche Losgrößen und Fertigstellungstermine: Ölpumpengehäuse.

- Beschaffungspreis pro Rohling in Höhe von b = 15 Geldeinheiten pro Stück.
- Lagerhaltungskosten pro Rohling und Teilperiode in Höhe von c = 0,1995 Geldeinheiten pro Stück und Teilperiode, basierend auf dem Lagerhaltungskostensatz von 1,33 % pro Teilperiode.

Die unter Berücksichtigung dieser Ausgangsdaten ermittelten Werte für den Rohling sind der Vollständigkeit halber in Bild 18 aufgeführt, das zugleich einen Überblick über sämtliche vorgenommenen Planungsschritte gewährt.

Exkurs: Auflösung nach Fertigungsstufen und Auflösung nach Dispositionsstufen.

In dem praktischen Fall geht eine Materialart direkt nur in ein bestimmtes übergeordnetes Teil ein und erscheint insofern auf genau einer Fertigungsstufe. In der betrieblichen Praxis tritt nun aber auch häufig die Situation auf, daß ein Material, speziell eine Baugruppe, unmittelbar zur Erstellung

48

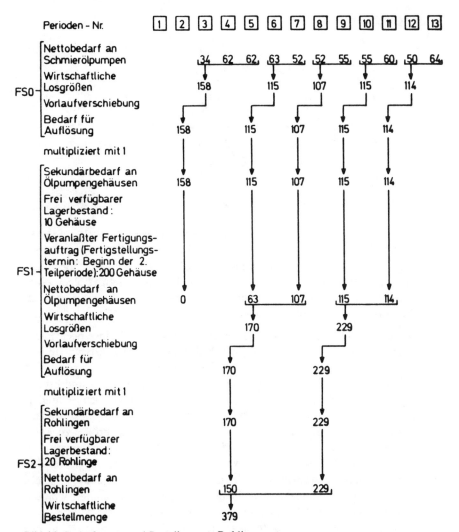

Bild 18. Bedarfswerte und Bestellmenge: Rohling.

mehrerer, auf verschiedenen Fertigungsstufen auftretenden übergeordneten Baugruppen benötigt wird und mithin selbst auf unterschiedlichen Fertigungsstufen vorkommt, wie es z. B. für die Baugruppe A gemäß der in Bild 19 dargestellten Erzeugnisstruktur der Fall ist. Es entsteht dann die Frage, in welcher Reihenfolge die Ermittlung der Bedarfswerte, Auftragsgrößen und -termine für die verschiedenen Teile vorzunehmen ist.

Fertigungsstufe

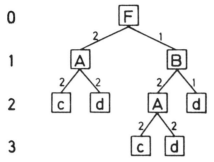

Bild 19. Erzeugnisstruktur nach Fertigungsstufen.

In dem erwähnten Zusammenhang werden vor allem die „Auflösung nach Fertigungsstufen" und die „Auflösung nach Dispositionsstufen" als alternative „Verfahren der Stücklistenauflösung" diskutiert. Tatsächlich handelt es sich bei diesen Verfahren aber um alternative Schrittfolgen einer programmgebundenen Bedarfs- und Auftragsplanung, die zu unterschiedlichen Ergebnissen führen können.

Die *Auflösung nach Fertigungsstufen* basiert jeweils auf einer nach Fertigungsstufen gegliederten Erzeugnisstruktur (vgl. Bild 19). Ausgehend von Fertigungsstufe 0 werden die Erzeugnisse bzw. Baugruppen sukzessiv den Fertigungsstufen folgend in ihre untergeordneten Baugruppen und Einzelteile zerlegt, bis die niedrigste Fertigungsstufe erreicht ist. Den Sekundärbedarfswert in einer Teilperiode für ein auf der k-ten Fertigungsstufe auftretendes Teil erhält man, indem die der betreffenden Periode zugeordneten Bedarfe für Auflösung der auf der (k − 1)-ten Fertigungsstufe erscheinenden und diesem Teil direkt übergeordneten Baugruppen mit den entsprechenden Mengenangaben in den Struktur- oder Baukastenstücklisten multipliziert und die sich dabei ergebenden Werte addiert werden. Im Anschluß an die Auflösung der (k − 1)-ten Fertigungsstufe findet die Auflösung der Fertigungsstufe k statt, unabhängig davon, ob eine der k-ten Stufe zugewiesene Baugruppe auch auf niedrigeren Fertigungsstufen vorkommt. Tritt eine Baugruppe auf verschiedenen Fertigungsstufen auf, so ist sie demnach auch mehrfach aufzulösen, was einen höheren Rechenaufwand als den bei anderen Auflösungsfolgen bewirkt. Ein noch schwerwiegenderer Mangel der Auflösung nach Fertigungsstufen besteht allerdings darin, daß bei diesem Verfahren im Zusammenhang mit der Nettobedarfsermittlung Lagerbestände zuerst von den für höhere Fertigungsstufen ermittelten Bruttobedarfswerten, die relativ entfernt liegenden Teilperioden zugeordnet sind, abgezogen werden und dann zur Deckung von früher anfallenden Bedarfen auf niedrigen Fertigungsstufen rechentechnisch nicht mehr verfügbar sind. Dies kann vorzeitige Fertigungs- bzw. Beschaffungsmaßnahmen und damit vermeidbare Lagerhaltungskosten infolge unnötiger Lagerbestände auslösen.

Zur Vermeidung der angeführten Nachteile bei einer Auflösung nach Fertigungsstufen empfiehlt sich eine *Auflösung nach Dispositionsstufen.* Bei diesem Verfahren wird jeweils von einer nach Dispositionsstufen geordneten Erzeugnisstruktur ausgegangen, wie sie beispielhaft für das Fertigerzeugnis F (gemäß Bild 19) in Bild 20 aufgeführt ist. Die Darstellung einer Erzeugnisstruktur nach Dispositionsstufen führt dazu, daß jedem Teil nur eine Fertigungsstufe als Dispositionsstufe zugeordnet wird und zwar die niedrigste Fertigungsstufe, auf der das Teil auftritt. Die Auflösung einer Baugruppe erfolgt erst dann, wenn im Wege der schrittweisen Zerlegung der Erzeugnisse bzw. übergeordneten Baugruppen deren Dispositionsstufe erreicht ist und damit sämtliche Sekundärbedarfswerte und letztlich die Bedarfe für Auflösung hinsichtlich der betreffenden Baugruppe vorliegen.

Dispositionsstufe

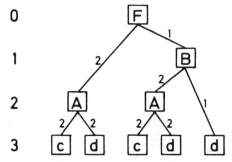

Bild 20. Erzeugnisstruktur nach Dispositionsstufen.

Ausgehend von Fertigerzeugnis F (vg. Bild 19 und 20) und den angegebenen Nettobedarfswerten für dieses Erzeugnis sollen die Tabellen 5, 6 und 7 die unterschiedlichen Schrittfolgen und Ergebnisse bei einer Auflösung nach Fertigstufen und einer Auflösung nach Dispositionsstufen mittels eines konkreten Zahlenbeispiels aufzeigen. In diesem Beispiel finden neben F die Teile A, B und c Berücksichtigung. Vereinfachend

Tabelle 5. Auflösung nach Fertigungsstufen.
FS: Fertigungsstufe

F [FS0]	Perioden-Nr.	1	2	3	4	5	6
	Nettobedarf					30	45
	Bedarf für Auflösung				30	45	

Auflösung von F → A

A [FS1]	Perioden-Nr.	1	2	3	4	5	6
	Sekundärbedarf				60	90	

Auflösung von F → B

B [FS1]	Perioden-Nr	1	2	3	4	5	6
	Sekundärbedarf					30	45

Auflösung der FS 0

A [FS1]	Perioden-Nr.	1	2	3	4	5	6
	Bruttobedarf (=Sekundärbedarf)				60	90	
	Nettobedarf				0	90	
	Bedarf für Auflösung				90		

Auflösung von A [FS1] → c

c [FS2]	Perioden-Nr.	1	2	3	4	5	6
	Sekundärbedarf				180		

Auflösung der FS 1

B [FS1]	Perioden-Nr.	1	2	3	4	5	6
	Nettobedarf (=Sekundärbedarf)				30	45	
	Bedarf für Auflösung			30	45		

Auflösung von B → A

A [FS2]	Perioden-Nr.	1	2	3	4	5	6
	Sekundärbedarf			60	90		

Auflösung der FS 1

A [FS2]	Perioden-Nr.	1	2	3	4	5	6
	Nettobedarf (=Sekundärbedarf durch Auflösung von B)			60	90		
	Bedarf für Auflösung		60	90			

Auflösung von A [FS2] → c

c [FS3]	Perioden-Nr.	1	2	3	4	5	6
	Sekundärbedarf		120	180			

Auflösung der FS 2

Tabelle 6. Auflösung nach Dispositionsstufen.
DS: Dispositionsstufe

F [DS 0]

Perioden - Nr.	1	2	3	4	5	6
Nettobedarf					30	45
Bedarf für Auflösung				30	45	

Auflösung von F → A

A [DS 2]

Perioden - Nr.	1	2	3	4	5	6
Sekundärbedarf				60	90	

Auflösung von F → B

B [DS 1]

Perioden - Nr.	1	2	3	4	5	6
Sekundärbedarf				30	45	

→ Auflösung der DS 0

B [DS 1]

Perioden - Nr.	1	2	3	4	5	6
Nettobedarf (= Sekundärbedarf)				30	45	
Bedarf für Auflösung			30	45		

Auflösung von B → A

A [DS 2]

Perioden - Nr.	1	2	3	4	5	6
Sekundärbedarf			60	90		

→ Auflösung der DS 1

A [DS 2]

Perioden - Nr.	1	2	3	4	5	6
Sekundärbedarf insgesamt			60	$\begin{matrix}60\\+90\end{matrix}$ 150	90	
Bruttobedarf (= Sekundärbedarf)			60	150	90	
Nettobedarf			0	150	90	
Bedarf für Auflösung			150	90		

Auflösung von A → c

c [DS 3]

Perioden - Nr.	1	2	3	4	5	6
Sekundärbedarf			300	180		

→ Auflösung der DS 2

Tabelle 7. Nettobedarfswerte für die Teile A und c bei der Auflösung nach Fertigungsstufen und der Auflösung nach Dispositionsstufen.

Perioden-Nr.		1	2	3	4	5	6
Auflösung nach Fertigungsstufen	A			60	90	90	
	c		120	180	180		
Auflösung nach Dispositionsstufen	A				150	90	
	c			300	180		

wird unterstellt, daß Nettobedarfswerte und wirtschaftliche Losgrößen jeweils übereinstimmen; ein frei verfügbarer Lagerbestand von 60 Einheiten der Baugruppe A sei vorhanden. Die Vorlaufzeit betrage generell eine Teilperiode.

2.2.1.2.2.2. Kostenausgleichsverfahren

Das Grundprinzip beim Kostenausgleichsverfahren, das auf den sog. Part-Period-Algorithmus zurückgeht, besteht darin, jeweils den Bedarf der Teilperiode $j^* + 1$ zu bestimmen, bei dessen zusätzlicher Einbeziehung in einen zu Beginn der ersten (Rechnungs-)Periode erledigten Auftrag die mit diesem Auftrag verbundenen Lagerhaltungskosten erstmals die auftragsfixen Kosten übersteigen. Die wirtschaftliche Auftragsgröße stellt dann ein Auftragsvolumen dar, das der Summe der in den Perioden $1, 2, \ldots, j^*$ auftretenden Bedarfswerte entspricht.

Bei einem den Bedarf der ersten bis einschließlich der j-ten Teilperiode deckenden Auftrag, also einem Auftrag der Größe

$$x_j = \sum_{i=1}^{j} d_i$$

entstehen Lagerhaltungskosten in Höhe von

$$c \sum_{i=1}^{j} (i-1) d_i.$$

Sofern diese Lagerhaltungskosten noch geringer als die auftragsfixen Kosten a sind, ist das Auftragsvolumen schrittweise, d. h. jeweils um den Bedarf der Periode j + 1 zu erhöhen. Die Berechnungen zur Bestimmung einer wirtschaftlichen Auftragsgröße können abgebrochen werden, wenn bei zusätzlicher Berücksichtigung des Bedarfs der (j* + 1)-ten Periode die „Optimalitätsbedingung"

$$c \sum_{i=1}^{j^*} (i-1)d_i \leqslant a < \sum_{i=1}^{j^*+1} (i-1)d_i$$

des Kostenausgleichsverfahrens erfüllt ist; x_{j^*} stellt dann die wirtschaftliche Auftragsgröße dar.

Zur Ermittlung der nächsten wirtschaftlichen Auftragsgröße ist $j^* + 1 := 1$ zu setzen, sofern $j^* < n$ ist.

Beispiel: Kostenausgleichsverfahren

Für die Schmierölpumpe soll eine wirtschaftliche Losgröße nach dem Kostenausgleichsverfahren bestimmt werden. Die Ausgangsdaten lauten:

Rechnungsperiode i	1	2	3	4	...
Bedarf d_i	34	62	62	63	...

a = 230, c = 1,6066. Für die verschiedenen Losgrößen x_j fallen dann folgende Lagerhaltungskosten K_L^j an:

$$x_1 = 34 \quad K_L^1 = 0$$

$$x_2 = 96 \quad K_L^2 = 62 \cdot 1,6066 = 99,6092$$

$$x_3 = 158 \quad K_L^3 = 99,6092 + 62 \cdot 2 \cdot 1,6066 = 298,8276.$$

Bei der Losgröße x_3 überschreiten die Lagerhaltungskosten also erstmals die losfixen Kosten. $x_2 = 96$ bildet mithin abweichend von dem Ergebnis des Stückkostenverfahrens hier eine wirtschaftliche Losgröße. Ausgehend von dem Bedarf der dritten Periode als neuem Anfangswert sind die entsprechenden Berechnungen analog fortzuführen.

2.2.1.2.2.3. Selim-Algorithmus

Zur Bestimmung wirtschaftlicher Auftragsgrößen sind nach dem Selim-Algorithmus jeweils zwei Perioden zu ermitteln, nämlich die „Limesperiode" und die „Selektivperiode". Die *Limesperiode* stellt die *maximale Eindeckungsperiode* eines Auftrages dar. Hierbei handelt es sich um die Periode, bis zu der einschließlich ein Auftrag den Bedarf maximal decken darf. Die Limesperiode (L) wird durch den der letzten Teilperiode des Planungszeitraumes entsprechenden Planlimes (L_P), den externen Limes

(L_E) als Periode, die sich z. B. aufgrund gesetzlicher Vorschriften über eine maximale Lagerdauer ergibt, oder den Kostenlimes (L_K) determiniert, wobei

$$L = \min (L_P, L_E, L_K)$$

gilt.

Dem *Kostenlimes* liegt die Überlegung zugrunde, daß es nur solange sinnvoll ist, den Bedarf einer Teilperiode noch (zusätzlich) in einem Auftrag zu berücksichtigen, als die mit der Deckung des Bedarfs dieser Periode verbundenen Lagerhaltungskosten nicht größer als die auftragsfixen Kosten sind. Übersteigen z. B. bei Einbeziehung des Bedarfs der (k + 1)-ten Teilperiode in einen zu Beginn der ersten Periode erledigten Auftrag die dann entstehenden zusätzlichen Lagerhaltungskosten erstmals die auftragsfixen Kosten, so bildet die Periode k den Kostenlimes. Es sind dann die Relationen

$$c\, d_i\, (i - 1) \leqslant a \quad \text{für } i = 1, \ldots, k \text{ und}$$

$$c\, d_{k+1}\, k > a$$

erfüllt.

Mit der Limesperiode L liegt die maximale, nicht aber unbedingt auch wirtschaftliche Eindeckungsperiode für einen Auftrag und mithin die maximale, nicht zwangsläufig auch die wirtschaftliche Auftragsgröße fest. Entspricht beispielsweise die Limesperiode der Teilperiode k, so muß nach dem Selim-Algorithmus geprüft werden, ob es nicht kostengünstiger ist, anstelle eines den Bedarf der Perioden 1, 2, . . ., k umfassenden Auftrags der Größe x_k zwei Aufträge zur Deckung des in dem betreffenden Zeitraum anfallenden Bedarfs einzuplanen.

Eine Auftragspolitik, welche die Deckung des Bedarfs der ersten s − 1 (1 < s ≤ k) Teilperioden durch einen zu Beginn der ersten Periode erledigten Auftrag und die Deckung des Bedarfs der nachfolgenden Perioden s, . . ., k durch einen zu Beginn der s-ten Periode abgeschlossenen Auftrag vorsieht, führt im Vergleich zu den mit nur einem Auftrag der Größe x_k verbundenen Kosten einerseits zu geringeren Lagerhaltungskosten, wobei die Lagerhaltungskostenersparnis

$$c \sum_{i=s}^{k} d_i\, (s - 1)$$

beträgt. Andererseits entstehen zusätzlich auftragsfixe Kosten in Höhe von a. Gesucht ist nun die Periode s*, bei der die Nettoersparnis als Differenz von Lagerhaltungskostenersparnis und auftragsfixen Kosten den größten Wert annimmt. Sofern dieser Wert positiv ist, bildet s* die *Selektivperiode*. Gemäß dem Selim-Algorithmus stellt dann ein Auftragsvolumen von

$$x_{s^*-1} = \sum_{i=1}^{s^*-1} d_i$$

eine wirtschaftliche Auftragsgröße dar. Nimmt die Nettoersparnis einen negativen Wert an, so sind maximale und wirtschaftliche Auftragsgröße identisch. Zwecks analoger Bestimmung der nächsten wirtschaftlichen Auftragsgröße wird die Periode s bzw. k + 1 als erste Periode für die Neuberechnung gesetzt.

Beispiel: Selim-Algorithmus

Für die Schmierölpumpe soll eine wirtschaftliche Losgröße nach dem Selim-Algorithmus ermittelt werden. Die Limesperiode entspreche dabei dem Kostenlimes. Folgende Ausgangsdaten sind zu beachten:

Rechnungsperiode i	1	2	3	4	5	. . .
Bedarf d_i	34	62	62	63	52	. . .

c = 1,6066; a weise jetzt den Wert 330 (!) auf. Bei der Einbeziehung des Bedarfs der i-ten Periode in einen zu Beginn der ersten Teilperiode erledigten Auftrag entstehen zusätzliche Lagerhaltungskosten (k_L^i) in Höhe von

$$d_1 = 34 \qquad k_L^1 = 0$$

$$d_2 = 62 \qquad k_L^2 = 62 \cdot 1{,}6066 = 99{,}6092$$

$$d_3 = 62 \qquad k_L^3 = 62 \cdot 2 \cdot 1{,}6066 = 199{,}2184$$

$$d_4 = 63 \qquad k_L^4 = 63 \cdot 3 \cdot 1{,}6066 = 303{,}6474$$

$$d_5 = 52 \qquad k_L^5 = 52 \cdot 4 \cdot 1{,}6066 = 334{,}1728$$

Die vierte Teilperiode bildet mithin den Kostenlimes; es gilt also $L = L_K = 4$. Zwecks Überprüfung, ob es nicht kostengünstiger ist, den Bedarf der ersten vier Perioden durch zwei Fertigungsaufträge zu decken, ist zunächst die jeweilige Lagerhaltungskostenersparnis (K_{LE}^s) bei einem zu Beginn der s-ten ($1 < s \leqslant 4$) Teilperiode abgeschlossenen zweiten Auftrag zu bestimmen:

$$s = 2 \qquad K_{LE}^2 = 1,6066 \, (62 \cdot 1 + 62 \cdot 1 + 63 \cdot 1) = 300,4342$$

$$s = 3 \qquad K_{LE}^3 = 1,6066 \, (62 \cdot 2 + 63 \cdot 2) = 401,65$$

$$s = 4 \qquad K_{LE}^4 = 1,6066 \cdot 63 \cdot 3 = 303,6474$$

Bei $s^* = 3$ nehmen Lagerhaltungskostenersparnis und folglich auch Nettoersparnis ihre größten Werte an. Da die maximale Nettoersparnis in Höhe von $401,65 - 330 = 71,65$ einen positiven Wert aufweist, stellt $s^* = 3$ die Selektivperiode dar. Als wirtschaftliche Losgröße ist dann ein den Bedarf der ersten beiden Teilperioden umfassender Auftrag des Volumens $x_{s^* - 1} = x_2 = 96$ zu wählen. Ausgehend von Periode 3 als neuer erster Rechnungsperiode sind die Berechnungen zur Ermittlung der nächsten wirtschaftlichen Losgröße analog fortzusetzen.

Die skizzierten Verfahren zur Bestimmung wirtschaftlicher Auftragsgrößen bei variabler Bedarfsrate führen nicht unbedingt zu gesamtoptimalen Lösungen, d. h. zu Auftragsgrößen, die eine Minimierung der mit der Deckung des Gesamtbedarfs verbundenen Kosten sicherstellen. Die im Rahmen des Stückkostenverfahrens durchgeführte Form der Stückkostenminimierung bewirkt nur dann auch eine Minimierung der gesamten Kosten, wenn die bei dem ersten Auftrag anfallenden Stückkosten für jede Einheit der insgesamt bereitzustellenden Materialmenge realisiert werden können und jede Abweichung von der betreffenden Auftragsgröße höhere, in Verbindung mit der Deckung des Gesamtbedarfs entstehende Stückkosten verursacht. Dies trifft allgemein aber nur für den Fall einer konstanten Bedarfsrate und damit für die dem klassischen Bestellmengen- bzw. Losgrößenmodell zugrunde liegende Planungssituation zu. Die „Optimalitätsbedingung" des Kostenausgleichsverfahrens weist eine sehr enge Verwandschaft zu einem Optimalitätskriterium des klassischen Bestellmengen- bzw. Losgrößenmodells auf, das besagt, daß die Bestellmenge bzw. Losgröße kostenoptimal ist, bei der die aus einem Bestell- bzw. Auflagevorgang resultierenden Lagerhaltungskosten dieselbe Höhe wie die bestell- bzw. losfixen Kosten aufweisen. Insofern liefert das Kostenausgleichsverfahren ebenfalls nur bei konstanter Bedarfsrate generell gesamtoptimale Lösungen. Ebenso wie beim Stückkosten- und Kostenausgleichsverfahren wird auch beim Selim-Algorithmus lediglich eine Teilmenge der relevanten Entscheidungsalternativen im Zusammenhang mit der Festlegung wirtschaftlicher Auftragsgrößen berücksichtigt. Die überprüfte Teilmenge muß aber nicht unbedingt die kostenoptimale Auftragspolitik enthalten.

Der Selim-Algorithmus hat bisher weder in der Theorie noch in der Praxis große Beachtung gefunden. Dabei führt dieses Näherungsverfahren im Gegensatz zum Stückkosten- und Kostenausgleichsverfahren zu Ergebnissen, die, wie Tabelle 8 zeigt, insbesondere bei relativ starken Bedarfsschwankungen den Resultaten sehr nahe kommen, die sich bei Anwendung einer exakten, zu gesamtoptimalen Auftragsgrößen führenden Methode ergeben.

Die Tabelle 8 basiert auf vom Verfasser vorgenommenen Simulationsläufen, bei denen die gesamten Bereitstellungskosten ermittelt wurden, die jeweils unter Anwendung der angeführten Näherungsverfahren und einem Ansatz der dynamischen Programmierung als exakter Methode zur Auftragsgrößenoptimierung entstehen. Die Bestimmung der Bedarfswerte eines 30 Teilperioden umfassenden Planungszeitraumes erfolgte mit Hilfe gleichverteilter Zufallszahlen. Variiert wurden der Bedarfsmittelwert $\bar{d}$, die maximale Schwankungsbreite der Bedarfswerte vom Mittelwert, gemessen durch die prozentuale Abweichung p dieser Werte vom Mittelwert, und der sich auf eine Teilperiode beziehende Lagerhaltungskostensatz $\frac{z}{100}$. Für jede Kombination dieser Größen wurden zahlreiche Testläufe mit veränderten Bedarfszahlen durchgeführt und die durchschnittlichen prozentualen Abweichungen der bei den Näherungsverfahren anfallenden Kosten gegenüber den Minimalkosten ermittelt, die unter Verwendung des Ansatzes der dynamischen Programmierung anfallen.

Aus den in Tabelle 8 angeführten Zahlen läßt sich eine für die betriebliche Praxis wichtige Schlußfolgerung ziehen. Bei einer Wahl zwischen Stückkostenverfahren und Kostenausgleichsverfahren sollte letzterem Näherungsverfahren der Vorzug gegeben werden.

Frage 9: Warum nehmen die bei dem Stückkostenverfahren und Kostenausgleichsverfahren auftretenden Abweichungen der entsprechenden Bereitstellungskosten von dem jeweiligen Kostenminimum bei größer werdenden Bedarfsschwankungen zu?

Tabelle 8. Prozentuale Abweichungen der bei dem Stückkostenverfahren (SKV), Kostenausgleichsverfahren (KAV) und Selim-Algorithmus (SLA) anfallenden Bereitstellungskosten von dem jeweiligen Kostenminimum.

$\overline{d}$	p (in %)	z/100 = 0,1			z/100 = 0,05			z/100 = 0,02		
		SKV	KAV	SLA	SKV	KAV	SLA	SKV	KAV	SLA
100	10	0,0	0,0	1,4	1,9	1,7	0,8	6,4	6,4	9,0
100	20	0,5	0,5	1,4	2,9	2,3	0,8	6,8	6,8	8,2
100	30	2,0	2,0	1,8	3,4	2,1	1,2	7,7	7,0	7,0
100	40	3,6	2,6	1,9	4,2	2,4	1,2	8,1	7,6	6,2
100	50	5,5	3,1	2,0	5,0	2,7	1,3	8,9	8,3	4,3
100	60	5,6	4,6	2,6	6,9	3,6	1,5	8,8	7,0	4,7
100	70	8,6	3,9	2,7	7,6	4,4	1,8	9,4	7,3	3,8
100	80	9,6	4,4	2,7	8,6	4,8	1,3	8,8	6,0	2,5
100	90	13,5	4,8	3,4	11,4	6,7	2,0	10,8	6,3	2,7
200	10	0,0	0,0	4,7	0,0	0,0	1,5	0,0	0,0	2,8
200	20	1,0	0,8	5,1	0,4	0,5	1,2	0,4	0,4	2,3
200	30	3,2	1,6	4,3	1,8	1,0	1,6	1,2	1,1	1,9
200	40	4,7	2,4	3,0	3,5	2,5	1,8	2,8	2,3	1,4
200	50	5,6	1,9	2,3	4,8	3,6	2,4	4,4	3,4	1,7
200	60	8,5	1,8	2,2	6,6	3,3	2,7	6,4	3,2	2,0
200	70	9,9	3,1	1,6	7,1	4,1	2,5	7,3	4,2	1,2
200	80	12,2	3,3	1,9	11,3	5,2	3,1	9,2	4,5	0,8
200	90	14,8	4,7	1,3	10,4	4,7	2,4	11,1	5,3	1,5
300	10	0,0	0,0	0,0	0,4	0,4	3,0	1,9	1,9	0,6
300	20	0,1	0,1	0,7	2,0	1,8	2,6	2,7	2,5	0,6
300	30	0,9	0,9	1,7	3,2	1,4	2,3	3,8	3,5	0,8
300	40	2,5	2,5	2,1	4,3	1,9	2,2	5,3	5,3	0,8
300	50	2,6	2,8	2,0	6,2	2,0	2,0	5,4	4,5	1,2
300	60	5,4	4,4	1,6	7,5	3,3	2,3	7,0	4,7	2,0
300	70	8,9	4,3	0,9	11,0	3,1	2,8	7,5	4,4	1,3
300	80	10,3	4,9	1,0	13,4	3,6	2,0	10,1	5,7	2,2
300	90	17,9	4,4	1,3	15,0	3,8	2,2	11,6	6,5	2,7
400	10	0,3	0,3	0,3	0,0	0,0	4,7	1,2	1,2	0,8
400	20	0,9	0,9	0,9	1,0	0,7	5,1	2,2	1,0	1,1
400	30	3,4	1,9	1,9	3,2	1,6	4,3	3,1	2,3	1,3
400	40	5,7	2,0	1,7	4,7	2,4	3,0	5,0	2,2	1,5
400	50	7,2	1,8	1,8	5,5	1,9	2,3	5,5	3,0	2,0
400	60	8,7	3,0	1,0	8,4	1,8	2,2	6,2	3,6	2,7
400	70	12,7	3,4	0,8	9,8	3,1	1,6	7,1	4,0	1,8
400	80	15,9	3,6	0,9	12,2	3,1	1,8	10,3	4,0	3,1
400	90	21,7	2,8	0,5	14,8	4,7	1,2	11,1	5,1	2,8

Tabelle 8. Fortsetzung.

$\overline{d}$	p (in %)	z/100 = 0,1			z/100 = 0,05			z/100 = 0,02		
		SKV	KAV	SLA	SKV	KAV	SLA	SKV	KAV	SLA
500	10	2,1	0,3	0,3	0,0	0,0	5,6	0,1	0,1	1,6
500	20	3,5	0,5	0,5	0,1	0,1	5,1	0,4	0,5	1,2
500	30	6,1	0,8	0,8	0,7	0,7	3,7	1,8	0,9	1,6
500	40	7,9	0,9	0,9	2,3	2,3	2,7	3,5	2,4	1,8
500	50	9,7	1,0	1,0	3,7	1,8	2,0	4,8	3,6	2,4
500	60	11,5	1,5	1,0	6,7	2,6	1,6	6,6	3,3	2,8
500	70	13,9	2,2	0,7	9,2	4,0	1,2	7,1	4,1	2,5
500	80	18,8	2,1	0,5	11,4	4,6	1,2	11,3	5,2	2,9
500	90	25,4	2,4	0,4	13,9	5,2	1,2	10,4	4,7	2,4
600	10	0,0	0,0	0,0	0,0	0,0	0,0	0,0	0,0	3,5
600	20	1,7	0,0	0,0	0,1	0,1	0,8	0,4	0,4	3,2
600	30	5,0	0,0	0,0	0,9	0,9	1,7	0,8	0,8	3,1
600	40	8,3	0,3	0,3	2,5	2,5	2,1	1,9	1,7	3,0
600	50	10,5	0,3	0,3	2,6	2,7	2,0	4,8	3,4	2,7
600	60	14,1	0,6	0,5	5,4	4,3	1,5	6,9	4,3	3,0
600	70	15,6	1,2	0,7	8,9	4,2	0,9	8,6	4,9	2,4
600	80	20,4	1,4	0,2	10,5	4,9	1,0	12,5	4,9	2,4
600	90	26,5	1,9	0,3	17,9	4,4	1,3	14,1	4,6	2,8

2.2.1.3. Beschaffungszeitpunktplanung

Im Rahmen der Beschaffungszeitpunktplanung als Bestandteil einer programmgebundenen Materialdisposition wird in bestimmten Zeitabständen überprüft, ob (Nach-)Bestellungen für Fremdbezugteile auszulösen sind. Die als *Überprüfungs-* bzw. *Kontrollintervall* bezeichnete Zeitspanne zwischen jeweils zwei direkt aufeinanderfolgenden Überprüfungs- bzw. Kontrollzeitpunkten stellt dabei gewöhnlich eine konstante Größe dar.

Bei jedem *Kontrolltermin* (T_k) werden für ein programmgebunden disponiertes Fremdbezugteil der zugehörige Solleindeckungstermin (T_S) sowie Isteindeckungstermin (T_I) ermittelt und miteinander verglichen. Der *Solleindeckungstermin* gibt sich durch Addition von Kontrolltermin und vorgegebener Solleindeckungszeit (t_S); der *Isteindeckungstermin* stellt die Summe von Kontrolltermin und jeweils neu zu errechnender Isteindeckungszeit (t_I) dar. Zeigt nun der Vergleich, daß der Solleindeckungstermin ($T_S = T_k + t_S$) später als der Isteindeckungstermin ($T_I = T_k + t_I$) liegt, also

$T_S > T_I$ bzw. $T_k + t_S > T_k + t_I$

gilt, so ist für das entsprechende Teil eine Bestellung auszulösen.

Die *Solleindeckungszeit* kennzeichnet den Zeitraum, für den (zumindest) jeweils eine Deckung des auftretenden Bedarfs sichergestellt werden sollte. Im einzelnen setzt sich die Solleindeckungszeit aus Kontrollintervall, Wiederbeschaffungszeit, Mindestbevorratungszeit und Sicherheitszeit zusammen. Mindestbevorratungs- und Sicherheitszeit sollen hierbei als weitgehende Absicherung gegen Fehlmengen dienen.

Die *Isteindeckungszeit* stellt — ausgehend vom jeweils aktuellen Kontrolltermin — diejenige Zeitspanne dar, für die der auftretende Bedarf durch frei verfügbare Lager- und Werkstattbestände sowie Anlieferungen aufgrund bereits ausgelöster Bestellungen (Bestellbestand) tatsächlich gedeckt werden kann.

Zur Ermittlung der Isteindeckungszeit wird in der Literatur folgendes Verfahren vorgeschlagen: Von dem zum Kontrolltermin verfügbaren Lager- und Werkstattbestand sowie den infolge offener Bestellungen erwarteten, periodengenau erfaßten Materialeingängen sind schrittweise die Periodenbruttobedarfe abzuziehen, bis erstmals ein (Bestands-)Wert von Null bzw. ein negativer (Bestands-)Wert auftritt. Ergibt sich ein derartiger (Bestands-)Wert (L_g), der als absolute Größe einen Nettobedarf darstellt, nach Substraktion des Bruttobedarfs der g-ten Teilperiode (b_g), wobei der aktuelle Kontrolltermin als Beginn der ersten Rechnungsperiode den Bezugspunkt für die Periodennumerierung bildet, so ist die Isteindeckungszeit gemäß

$$t_I = \left(g + \frac{L_g}{b_g} \right) t^p$$

zu bestimmen; t^P kennzeichnet die Periodenlänge in Arbeitstagen. Die Bestimmungsgleichung für die Isteindeckungszeit basiert auf der Annahme, daß der einer Teilperiode zugeordnete Bruttobedarf sich gleichmäßig über diese Periode verteilt; ferner wird unterstellt, daß für $L_g = 0$ der Bruttobedarfswert der Periode $g + 1$ positiv ist.

Der Isteindeckungstermin (T_I) entspricht dem Werkskalendertag

$$T_I = T_k + t_I = T_k + \left(g + \frac{L_g}{b_g} \right) t^p .$$

Sofern eine Bestellung auszulösen ist, wird als Anlieferungstermin (T_L) für die nunmehr zu bestimmende wirtschaftliche Bestellmenge der Termin

$$T_L = T_I - t^e - t^m$$

62

festgesetzt, wobei t^e die Einlagerungszeit als Bestandteil der Wiederbeschaffungszeit und t^m die Mindestbevorratungszeit symbolisieren. Unter Berücksichtigung der erwähnten, den Bestellbestand erhöhenden Bestellmenge ist der Isteindeckungstermin neu zu berechnen und wiederum mit dem Solleindeckungstermin zu vergleichen. Wird letzterer Termin bei der Bedarfsdeckung immer noch nicht erreicht, hat eine weitere Bestellung zu erfolgen. Die erforderlichen, analog zur beschriebenen Vorgehensweise durchzuführenden Berechnungen und Dispositionen sind solange fortzusetzen, bis der Isteindeckungstermin mit dem Solleindeckungstermin übereinstimmt oder diesen überschreitet. Es muß also jeweils eine Bedarfsdeckung bis mindestens zum Solleindeckungstermin sichergestellt werden. Bei der Festlegung der Anlieferungstermine sind keine Beschränkungen zu beachten. Im Rahmen der programmgebundenen Beschaffungszeitpunktplanung wird mithin die bei der Auftragsplanung gesetzte Prämisse, daß Materialanlieferungen jeweils nur zu Beginn einer Teilperiode möglich sind, aufgehoben.

Beispiel: Programmgebundene Beschaffungszeitpunktplanung

Für ein Fremdbezugsteil liegen folgende Ausgangsdaten vor:

Rechnungsperiode i	1	2	3	4	5
Bruttobedarf b_i	20	40	30	50	35

Zu Beginn der ersten Periode ist ein frei verfügbarer Lagerbestand von $L_0 = 130$ Einheiten vorhanden. Die vorgegebene Solleindeckungszeit (t_S) beträgt 4 Perioden mit den Komponenten: Kontrollintervall = 1 Periode; Wiederbeschaffungszeit = 2 Teilperioden; Mindestbevorratungszeit = 0,6 Perioden; Sicherheitszeit = 0,4 Perioden; Einlagerungszeit als Bestandteil (!) der Wiederbeschaffungszeit = 0,2 Perioden. Die jeweilige Periodenlänge (t^p) umfaßt 5 Arbeitstage. Den aktuellen Kontrolltermin (T_k) stellt der dem Beginn der ersten Rechnungsperiode entsprechende Anfang des zehnten Werkskalendertages dar.

Kennzeichnet L_i den am Ende der i-ten Periode auftretenden Bestand, so gilt allgemein $L_i = L_{i-1} - b_i$. Hier ergeben sich die Werte:

$$L_1 = 130 - 20 = 110;$$

$$L_2 = 110 - 40 = 70;$$

$$L_3 = 70 - 30 = 40;$$

$$L_4 = 40 - 50 = -10.$$

Die Isteindeckungszeit (t_I) weist folglich für g = 4 eine Länge von

$$t_I = \left(4 + \frac{-10}{50}\right) 5 = 19$$

Arbeitstagen auf. Den Isteindeckungstermin (T_I) bildet gemäß $T_I = 10 + 19$ der neunundzwanzigste Werkskalendertag. Da dieser Termin früher als der Solleindeckungstermin $T_S = 10 + 20 = 30$ liegt, ist eine Bestellung auszulösen. Als Anlieferungstermin (T_L) für die entsprechende Materialmenge wird der Werkskalendertag $T_L = 29 - 0.2 \cdot 5 - 0.6 \cdot 5 = 25$ festgesetzt.

Zu der erläuterten, aus der Literatur übernommenen Vorgehensweise zwecks Bestimmung der Isteindeckungszeit ist generell kritisch anzumerken, daß nach Durchführung der Nettobedarfsplanung die Periode g, in der erstmals ein positiver Nettobedarfswert ($L_g < 0$) auftritt, bereits feststeht, und insofern ein Teil der vorgesehenen Berechnungen überflüssig ist.

Frage 10: Wodurch erfolgt im Rahmen der programmgebundenen Beschaffungszeitpunktplanung eine gewisse Absicherung gegen Fehlmengen infolge von Lieferterminverzögerungen?

2.2.2. System einer integrierten programmgebundenen Materialdisposition

Der Aufbau eines Systems einer integrierten (und rechnergestützten) programmgebundenen Materialdisposition bedingt die programmäßige Implementierung ausgewählter Planungsverfahren und die Sicherstellung der notwendigen Datenbeziehungen zwischen den einzelnen Programmen.

Eine in sich geschlossene programmorientierte Materialdisposition erfordert den Einsatz folgender Programme, die teilweise aus verschiedenen Unterprogrammen bestehen:

— Programm „Lagerbestandsführung"
  Mittels dieses Programms erfolgt eine Fortschreibung der verschiedenen Lager- und Werkstattbestände.

— Programm „Auftragsermittlung"
  Durch entsprechende Unterprogramme werden wirtschaftliche Losgrößen für Eigenfertigungsteile und wirtschaftliche Bestellmengen für Fremdbezugsteile bestimmt.

- Programm „Vorlaufverschiebung"
  Zwecks Terminierung des programmgebundenen Sekundärbedarfs führt dieses Programm eine zeitliche Vorverlegung der Fertigstellungstermine von Fertigungsaufträgen durch und bestimmt damit die Bedarfe für Auflösung.

- Programm „Stücklistenauflösung"
  Durch dieses Programm wird der in den einzelnen Teilperioden jeweils auftretende programmgebundene Sekundärbedarf an den verschiedenen Materialien ermittelt.

- Programm „Bruttobedarfsermittlung"
  Mittels dieses Programms, das eine Schnittstelle zur verbrauchsgebundenen Materialdisposition bildet, erfolgt unter Berücksichtigung von Ersatzteilbedarf und verbrauchsgebundenem Sekundärbedarf die Errechnung der jeweiligen Periodenbruttobedarfe.

- Programm „Nettobedarfsermittlung"
  Dieses Programm bestimmt die noch zu deckenden Periodenbedarfe.

- Programm „Bestellterminermittlung und Bestellauslösung"
  Dieses Programm legt die Bestell- sowie Anlieferungstermine für fremdzubeziehende Materialien fest und veranlaßt Bestellauslösungen.

- Programm „Wareneingangsprüfung"
  Dieses Programm stellt u. a. Anlieferungstermine und Anzahl der eingetroffenen sowie den qualitativen Anforderungen genügenden Fremdbezugsteile als Daten für die Lagerbestandsführung bereit.

Die Verwendung der angeführten Programme und ihre Verknüpfung durch Festsetzung des jeweils erforderlichen Datentransfers führt zu dem in Bild 21 dargestellten System einer integrierten (und rechnergestützten) programmgebundenen Materialdisposition. Die in einem Planungslauf getroffenen Dispositionen führen dabei zu Lager- bzw. Werkstattbeständen und/oder Auftragsbeständen, die im nächsten Planungslauf als nunmehr vorgegebene Daten berücksichtigt werden müssen.

Das angeführte System ist ggf. um weitere Elemente, wie z. B. die Programme „Materialbewertung" und „Bestellüberwachung", mit den entsprechenden Beziehungen zu ergänzen. Unter Rückgriff auf bestimmte Bewertungsmethoden ermittelt das Programm „Materialbewertung" gemäß den aufgetretenen Materialbewegungen in Form von Materialzugängen und/oder Materialabgängen für jede Materialart den aktuellen Preis

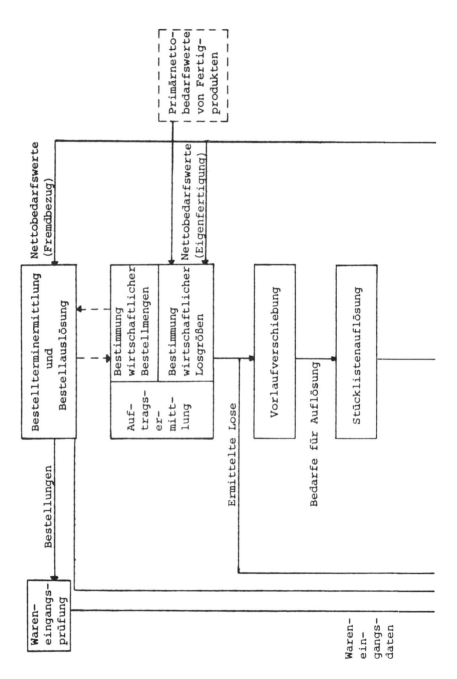

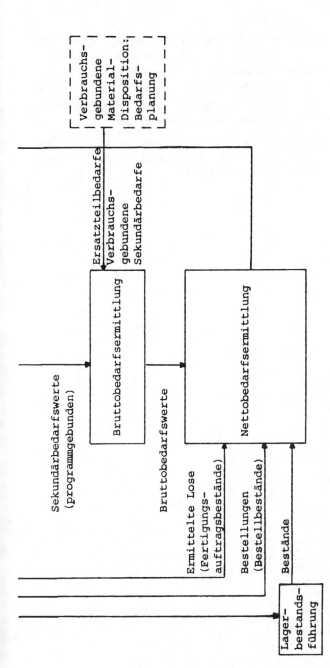

Bild 21. System einer programmgebundenen Materialdisposition.

67

bzw. die relevanten Kosten pro Materialeinheit als Grundlage für die dann vom Programm „Lagerbestandsführung" vorzunehmende Bestimmung des jeweiligen wertmäßigen Lagerbestandes und wertmäßigen Verbrauchs. Mittels des Programms „Bestellüberwachung" werden die festgelegten Anlieferungstermine von Materialien bezüglich ihrer Einhaltung überprüft und bei Terminüberschreitungen Mahnungen veranlaßt.

Es ist zu beachten, daß bei dem entwickelten System einer integrierten programmgebundenen Materialdisposition die Schnittstellen zur im folgenden behandelten Termindisposition noch fehlen.

3. Termindisposition

Der Bereich der Termindisposition umfaßt die Gesamtheit von Aktivitäten, die primär auf den Entwurf einer zeitlichen Ordnung hinzielen, nach der die Durchführung der verschiedenen Fertigungsaufträge bzw. der entsprechenden Arbeitsvorgänge erfolgen soll. Mittels der Termindisposition sind letztlich die Start- und Endtermine an den relevanten Arbeitsplätzen bzw. maschinellen Aggregaten für sämtliche Arbeitsvorgänge zu bestimmen, die zwecks Erledigung der verschiedenen Fertigungsaufträge verrichtet werden müssen. Damit liegen dann auch die geplanten Start- und Fertigstellungstermine für die Fertigungsaufträge fest.

Gewöhnlich wird eine Untergliederung des Aufgabenkomplexes der Termindisposition in folgende, nacheinander zu vollziehende Planungsschritte vorgeschlagen:
- Durchlaufterminierung,
- Kapazitätsabgleich,
- Kapazitätsterminierung.

Während *Durchlaufterminierung* und *Kapazitätsabgleich* auf eine *Grobterminierung* der einzelnen, mit den betrachteten Fertigungsaufträgen verbundenen Arbeitsvorgänge ausgerichtet sind, wird mit der *Kapazitätsterminierung* eine *Feinterminierung* der betreffenden Arbeitsvorgänge angestrebt.

3.1. Planungsschritte und Planungsverfahren

3.1.1. Durchlaufterminierung

Nach herrschender Auffassung sind im Rahmen der Durchlaufterminierung (vorläufige) Start- und Endtermine für die mit den einzelnen Fertigungsaufträgen verbundenen Arbeitsvorgänge und damit (vorläufige) Start- und Fertigstellungstermine für die Aufträge selbst unter Ansatz der betreffenden Durchlaufzeiten zu bestimmen. Dabei gilt es die technologisch bedingte Reihenfolge der zwecks Erledigung eines Fertigungsauftrags zu verrichtenden Arbeitsvorgänge und die technologisch bedingte Reihenfolge verschiedener Aufträge, d. h. die sog. *Auftragsnetze* zu beachten. Die Termine sollen ohne Berücksichtigung möglicher Kapazitätsengpässe und auch nur für Arbeitsplatzgruppen festgesetzt werden. Eine Arbeitsplatzgruppe besteht aus mehreren funktionsgleichen und i. d. R. räumlich zusammengefaßten Arbeitsplätzen, wobei jedem Arbeitsplatz gewöhnlich ein bestimmtes maschinelles Aggregat zugeordnet ist. Eine Differenzierung in einzelne Arbeitsplätze erfolgt erst bei der Kapazitätsterminierung.

3.1.1.1. Erfassung der Durchlaufzeitkomponenten

Die *Durchlaufzeit für einen Arbeitsvorgang* setzt sich aus der Belegungszeit an einem Arbeitsplatz der für die Verrichtung dieses Vorgangs relevanten Arbeitsplatzgruppe und der Übergangszeit zusammen.

Die *Belegungszeit* untergliedert sich in die *Rüstzeit* und die dem Produkt aus Fertigungsstückzeit und Losgröße entsprechende *Bearbeitungszeit*.

Die *Übergangszeit* umfaßt (u. a.) folgende Zeitkomponenten:
— Ablaufbedingte Liegezeit bzw. Wartezeit vor Belegung als Zeitspanne zwischen Eintreffen der zu bearbeitenden Teile an der entsprechenden Arbeitsplatzgruppe und Beginn des zwecks Bearbeitung erforderlichen Rüstvorgangs.

— Ablaufbedingte Liegezeit bzw. Wartezeit vor Kontrolle als Zeitspanne zwischen Abschluß der Bearbeitung und Beginn der (Qualitäts- und/oder Quantitäts-) Kontrolle der erstellten Teile.

— Kontrollzeit.

— Ablaufbedingte Liegezeit bzw. Wartezeit vor Transport als Zeitspanne zwischen Abschluß der Kontrolle und Beginn des Transports der Teile zu der nächsten Arbeitsplatzgruppe bzw. zu einem Bereitstellungslager.

— Transportzeit.

Unter Beachtung der ablaufbedingten Liegezeiten entspricht die Durchlaufzeit eines Arbeitsvorgangs (vgl. auch Bild 22) also der Zeitspanne zwischen Eintreffen der zu bearbeitenden Teile an der Arbeitsplatzgruppe, die für die Durchführung des betreffenden Arbeitsvorgangs vorgesehen ist und der Ankunft der mittels dieses Vorgangs erstellten Teile an der für die Verrichtung des unmittelbar folgenden Arbeitsvorgangs zuständigen Arbeitsplatzgruppe bzw. der Ankunft der entsprechenden Materialien im Bereitstellungslager. Die Durchlaufzeit eines Arbeitsvorgangs stellt mithin

70

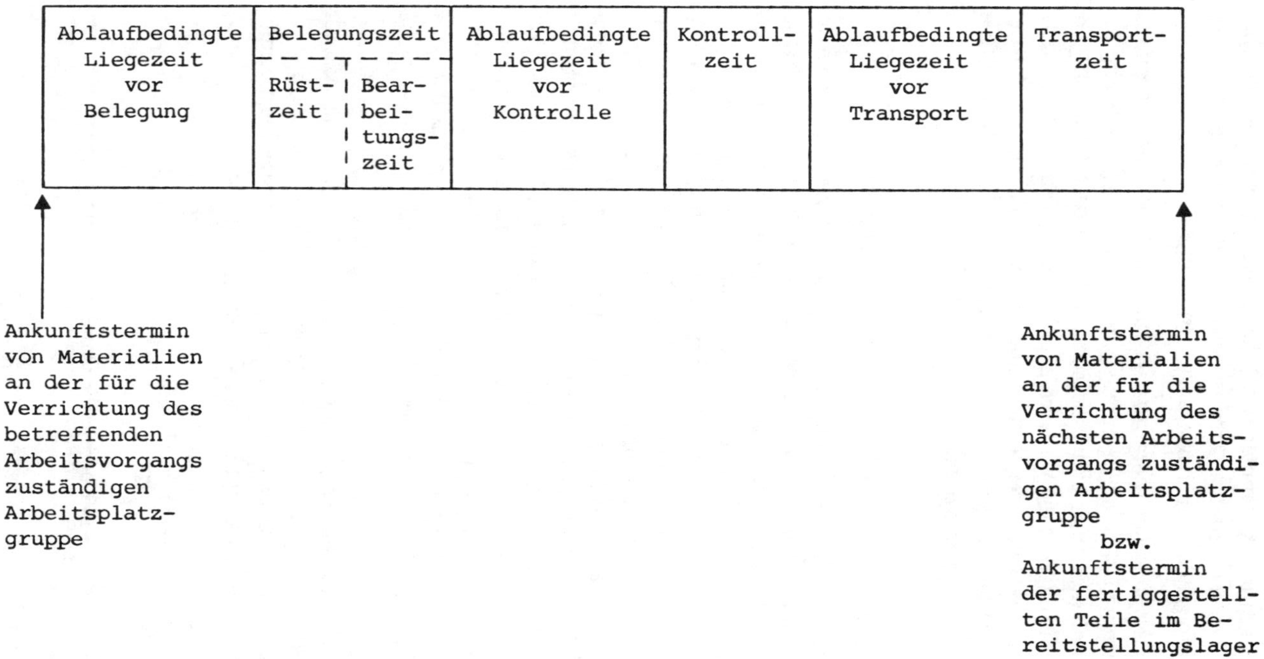

Ablaufbedingte Liegezeit vor Belegung	Belegungszeit		Ablaufbedingte Liegezeit vor Kontrolle	Kontroll-zeit	Ablaufbedingte Liegezeit vor Transport	Transport-zeit
	Rüst-zeit	Bear-bei-tungs-zeit				

Ankunftstermin von Materialien an der für die Verrichtung des betreffenden Arbeitsvorgangs zuständigen Arbeitsplatz-gruppe

Ankunftstermin von Materialien an der für die Verrichtung des nächsten Arbeits-vorgangs zuständi-gen Arbeitsplatz-gruppe

bzw.

Ankunftstermin der fertiggestell-ten Teile im Be-reitstellungslager

Bild 22. Komponenten der Durchlaufzeit eines Arbeitsvorgangs.

71

nicht, wie gelegentlich behauptet wird, die Zeitspanne dar, die zwischen dem Beginn des betrachteten Arbeitsvorgangs und dem Beginn des unmittelbar nachfolgenden Arbeitsvorgangs verstreicht.

Die *Durchlaufzeit eines Fertigungsauftrags* durch die Produktion als Summe der Durchlaufzeiten sämtlicher Arbeitsvorgänge, die zur Erledigung des Auftrages erforderlich sind, bildet die Zeitspanne zwischen Einreihung des betreffenden Auftrages in die Warteschlange von Aufträgen vor der Arbeitsplatzgruppe, an welcher der erste Arbeitsvorgang für diesen Auftrag durchzuführen ist und Eingang der erstellten Teile, auf die sich der Auftrag bezieht, in ein Bereitstellungslager.

3.1.1.2. Terminfestlegung mittels Rückwärtsterminierung

In der Literatur wird übereinstimmend festgestellt, daß die im Rahmen der Materialdisposition festgelegten Fertigungsaufträge und zugehörigen Fertigstellungstermine Ausgangsdaten für die Durchlaufterminierung darstellen. Gemäß der üblicherweise vertretenen Ansicht sind ausgehend von den gegebenen Fertigstellungsterminen der Aufträge im Wege der Rückwärtsterminierung als spezielles Verfahren der Durchlaufterminierung die im Hinblick auf die geforderte Einhaltung dieser Termine „spätesten Starttermine" bzw. „spätestmöglichen Starttermine" und damit „spätesten Endtermine" für die Arbeitsvorgänge unter Ansatz der jeweiligen Durchlaufzeiten zu bestimmen. Ein gegenüber dem „spätesten Starttermin" verzögerter Beginn eines Arbeitsvorgangs soll dann zu einer verspäteten Fertigstellung des betreffenden Auftrags führen und damit auch Fertigstellungsterminüberschreitungen für die diesem Auftrag gemäß dem Auftragsnetz folgenden Fertigungsaufträge (technologische Nachfolger) bewirken.

Sind zur Durchführung eines Fertigungsauftrags m Arbeitsvorgänge zu verrichten, so ergibt sich bei einem vorgegebenen Fertigstellungstermin T_F des Auftrages mittels Rückwärtsterminierung als „spätester Starttermin" für den ersten Arbeitsvorgang (T_1^R) der Termin

$$T_1^R = T_F - \sum_{j=1}^{m} d_j = T_F - \sum_{j=1}^{m} (t_{rj} + t_{bj} + t_{üj}).$$

Hierin kennzeichnet $d_j = t_{rj} + t_{bj} + t_{üj}$ die Durchlaufzeit des j-ten $(j = 1, \ldots, m)$ Arbeitsvorgangs mit

t_{rj}: Rüstzeit für den j-ten Arbeitsvorgang

t_{bj}: Bearbeitungszeit für den j-ten Arbeitsvorgang

$t_{üj}$: Übergangszeit für den j-ten Arbeitsvorgang.

Erfolgt die Numerierung der Arbeitsvorgänge zweckmäßigerweise derart, daß der an j-ter Stelle (j = 1, ..., m) in der Bearbeitungsreihenfolge stehende Arbeitsvorgang auch die Ziffer j (j = 1, ..., m) erhält, so stellt dann allgemein der Termin

$$T_j^R = T_F - \sum_{g=j}^{m} d_g = T_F - \sum_{g=j}^{m} (t_{rj} + t_{bj} + t_{üj})$$

den „spätesten Starttermin" für den j-ten Arbeitsvorgang dar. Mithin ergibt sich als „spätester Endtermin" für den j-ten Arbeitsvorgang $(\widetilde{T}_j^R)$ der Termin

$$\widetilde{T}_j^R = T_F - \sum_{g=j+1}^{m} d_g = T_F - \sum_{g=j+1}^{m} (t_{rj} + t_{bj} + t_{üj}).$$

Es wird allgemein betont, daß auf die *ablaufbedingten Liegezeiten* bzw. *Wartezeiten* der größte Anteil an der jeweiligen Durchlaufzeit entfällt und die Belegungszeit lediglich 10 bis 20 % der Durchlaufzeit beträgt. Bei den im Rahmen der Rückwärtsterminierung und allgemein der Durchlaufterminierung berücksichtigten ablaufbedingten Liegezeiten handelt es sich um geplante bzw. geschätzte Größen. Besondere Bedeutung für die Termindisposition ist der geplanten *ablaufbedingten Liegezeit* bzw. *Wartezeit vor Belegung* für einen Arbeitsvorgang beizumessen. Diese Zeit bildet einen Zeitpuffer in dem Sinne, daß sich der Starttermin eines Arbeitsvorganges um die entsprechende Wartezeit verzögern kann, ohne daß der geplante Fertigstellungstermin eines Auftrags in irgendeiner Hinsicht gefährdet wird. Insofern stellen die angeführten Termine für die Arbeitsvorgänge keineswegs, wie behauptet wird, „späteste Starttermine" dar. Bei diesen Terminen handelt es sich vielmehr eher um die (spätesten) *Ankunftstermine* (!) der entsprechenden Bauteile an den jeweiligen Arbeitsplätzen bzw. Arbeitsplatzgruppen. Mit dem Ansatz ablaufbedingter Liegezeiten vor Belegung wird der Tatsache Rechnung getragen, daß unterschiedliche Fertigungsaufträge gleichzeitig an einem Arbeitsplatz zwecks Bearbeitung eintreffen können. Solange die für die Durchlaufterminierung festgesetzten ablaufbedingten Liegezeiten vor Belegung nicht kleiner als die effektiv entstehenden ablaufbedingten Liegezeiten vor Belegung sind, können keine Probleme hinsichtlich der Einhaltung von Fertigstellungsterminen auftreten.

Ein grundsätzliches (Interdependenz-)Problem besteht allerdings darin, daß die effektiven ablaufbedingten Liegezeiten bzw. Wartezeiten erst nach

Abschluß der Feinterminierung (Kapazitätsterminierung) bzw. sogar erst nach Durchführung der Produktion bekannt sind, die bei der Rückwärtsterminierung und allgemein bei der Durchlaufterminierung als Grundlage der Feinterminierung angesetzten geplanten Wartezeiten aber die Länge sowie das zeitliche Auftreten von Warteschlangen und insofern ihrerseits die effektiven Wartezeiten beeinflussen.

Eng verbunden mit dem erwähnten Interdependenzproblem ergeben sich zwei miteinander zusammenhängende, bisher nicht befriedigend beantwortete Fragen:
— Wie „fein" ist der Planungszeitraum bei der Durchlaufterminierung zu zerlegen?
— Wie „genau" sind die Durchlaufzeiten bei der Durchlaufterminierung zu planen?

Gewöhnlich wird bei der Durchlaufterminierung und mithin bei der Rückwärtsterminierung ohne nähere Begründung die im Rahmen der programmgebundenen Materialdisposition gewählte Unterteilung des Planungszeitraumes in Teilperioden mit einer Länge von einer Woche bis zu maximal vier Wochen unverändert übernommen. Da die mittels der programmgebundenen Materialdisposition periodengenau ermittelten Fertigstellungstermine der verschiedenen Fertigungsaufträge der Durchlaufterminierung als feste Daten vorgegeben werden, erscheint dies zunächst plausibel. Die Zugrundelegung eines derartigen (groben) Zeitrasters impliziert allerdings, daß die Durchlaufzeiten sinnvollerweise auch nur in Perioden mit der angeführten Länge zu messen sind, da beispielsweise die Wahl eines Arbeitstages als Maßeinheit eine nicht fortzuführende zeitliche Differenzierung darstellen würde. Unter diesem Aspekt erweist sich auch nur eine relativ grobe Schätzung der Durchlaufzeiten als erforderlich.

Bei Übereinstimmung des im Rahmen der programmgebundenen Materialdisposition und der Durchlaufterminierung zugrunde gelegten Zeitrasters drängt sich dann aber die Frage auf, welche zusätzlichen Informationen mittels der Rückwärtsterminierung gegenüber der programmgebundenen Materialdisposition eigentlich gewonnen werden. Zwecks periodengenauer Bestimmung des Materialbedarfs erfolgt mittels der programmgebundenen Materialdisposition auch die Bildung von Fertigungsaufträgen und Festlegung der zugehörigen Fertigstellungstermine. Insofern beinhaltet die programmgebundene Materialdisposition gleichzeitig eine Termindisposition.

Entspricht die Summe der bei der Rückwärtsterminierung verwendeten Durchlaufzeiten für die mit einem Fertigungsauftrag verbundenen Arbeitsvorgänge als Durchlaufzeit des betreffenden Auftrags jeweils der bei der Vorlaufverschiebung für diesen Auftrag angesetzten Durchlaufzeit, so werden seitens der Rückwärtsterminierung Auftragstermine ermittelt, die nach Abschluß der programmgebundenen Materialdisposition bereits festliegen. Hinsichtlich der Bestimmung dieser Termine findet eine völlig unnötige Doppelberechnung statt.

Nun wird aber die Notwendigkeit einer gesonderten Durchlaufterminierung und speziell einer Rückwärtsterminierung damit begründet, daß durch diesen Planungsschritt primär Termine für die einzelnen Arbeitsvorgänge festzusetzen sind und insofern nach Vornahme der Rückwärtsterminierung detailliertere Informationen im Vergleich zu den Ergebnissen der programmgebundenen Materialdisposition zur Verfügung stehen. Eine solche Argumentation überzeugt nicht:

— Ist zur Durchführung eines Fertigungsauftrags jeweils nur ein Arbeitsvorgang zu verrichten, so liefert die Rückwärtsterminierung bereits bekannte Termine.

— Sind zwecks Erledigung eines Fertigungsauftrags mehrere Arbeitsvorgänge durchzuführen, so werden mittels der Rückwärtsterminierung zweifellos über Fertigungsauftragstermine hinaus Arbeitsvorgangstermine festgelegt. Es fragt sich dann allerdings, warum letztere Termine nicht schon im Rahmen der Vorlaufverschiebung bestimmt werden, zumal, wenn hierbei zur Ermittlung der Durchlaufzeit eines Fertigungsauftrags als Summe der Durchlaufzeiten der mit diesem Auftrag verbundenen Arbeitsvorgänge ohnehin ein Rückgriff auf Daten der *Arbeits-* und *Betriebsmitteldatei* erfolgt. Eine entsprechend erweiterte Aufgabenstellung der Vorlaufverschiebung würde zu einem geringeren Planungsaufwand führen als der Aufwand, der entsteht, wenn das „Versäumnis" der Materialdisposition durch eine sich an diese Disposition anschließende, gesondert vorgenommene Rückwärtsterminierung „nachgeholt" wird.

3.1.1.3. Terminfestlegung mittels Vorwärtsterminierung

Ein weiteres, in der Literatur angeführtes und auch vorgeschlagenes Verfahren der Durchlaufterminierung stellt die Vorwärtsterminierung dar. Bei diesem Verfahren wird nicht von den im Rahmen der Materialdisposition ermittelten Fertigstellungsterminen der Aufträge, sondern von dem als

„Heute-Termin" bzw. *„Heute-Linie"* bezeichneten aktuellen Dispositionstermin bzw. Planungslauftermin ausgegangen. Von diesem Termin in Richtung Zukunft schreitend sollen dann unter Berücksichtigung der jeweiligen Durchlaufzeiten die „frühesten Starttermine" bzw. die „frühest möglichen Starttermine" und „frühesten Endtermine" für die verschiedenen Arbeitsvorgänge, mithin auch die „frühesten Start- und Fertigstellungstermine" für die Fertigungsaufträge selbst bestimmt werden.

Umfaßt die Durchführung eines Fertigungsauftrags wiederum m Arbeitsvorgänge, so ergibt sich bei dem Heute-Termin T_H gemäß der Vorwärtsterminierung als „frühester Starttermin" für den in der Bearbeitungsreihenfolge an letzter Stelle stehende Arbeitsvorgang m der Termin

$$T_m^V = T_H + \sum_{g=1}^{m-1} d_g = T_H + \sum_{g=1}^{m-1} (t_{rj} + t_{bj} + t_{üj}).$$

Allgemein bestimmt sich, wiederum eine der Bearbeitungsreihenfolge entsprechende Arbeitsvorgangsnumerierung vorausgesetzt, der „früheste Starttermin" für den j-ten (j = 1, ..., m) Arbeitsvorgang nach der Gleichung

$$T_j^V = T_H + \sum_{g=1}^{j-1} d_g = T_H + \sum_{g=1}^{j-1} (t_{rj} + t_{bj} + t_{üj}).$$

Mithin stellt

$$\widetilde{T}_j^V = T_H + \sum_{g=1}^{j} d_g = T_H + \sum_{g=1}^{j} (t_{rj} + t_{bj} + t_{üj})$$

den „frühesten Endtermin" für den j-ten Arbeitsvorgang dar.

Es ist auch hier zu beachten, daß es sich bei den angeführten „Startterminen" eher um Ankunftstermine der entsprechenden Teile an den einzelnen Arbeitsplatzgruppen handelt.

Die Vorwärtsterminierung führt i. d. R. zu Terminen, die von den im Rahmen der programmgebundenen Materialdisposition ermittelten Terminen abweichen. Gewöhnlich liegen die mittels der Vorwärtsterminierung festgesetzten Ankunfts- und Fertigstellungstermine der Aufträge früher als die entsprechenden, durch die programmgebundene Materialdisposition bestimmten Auftragstermine. Nun ist aber zu beachten, daß bei der Errechnung der Nettobedarfswerte auch aufgrund von Auftragsbeständen zu erwartende Materialeingänge periodengenau berücksichtigt wurden und hierauf aufbauend sich die Bildung von Fertigungsaufträgen

76

und Festlegung der zugehörigen Termine vollzog. Es besteht die Gefahr, daß die bei der programmgebundenen Materialdisposition einbezogenen zukünftigen Materialanlieferungen zu den durch die Vorwärtsterminierung ausgewiesenen Terminen noch nicht erfolgt sind. Die angesetzten Nettobedarfswerte sowie Auftragsgrößen verlieren dann aber ihre Gültigkeit und die seitens der Vorwärtsterminierung ermittelten Termine werden völlig unrealistisch. In eine sukzessiv durchgeführte Fertigungsdisposition integriert stellt die Vorwärtsterminierung ein systeminkonsistentes Verfahren der Durchlaufterminierung dar.

Als Ergebnis der Vorlaufverschiebung können Start- bzw. Ankunftstermine von Fertigungsaufträgen in die Vergangenheit fallen, d. h. links von dem Heute-Termin bzw. der Heute-Linie auftreten. Eine wichtige Aufgabe der Durchlaufterminierung wird in diesem Fall darin gesehen, entweder durch Maßnahmen der *Durchlaufzeitenreduzierung* und sich anschließende Rückwärtsterminierung bei Einhaltung der geforderten Fertigstellungstermine die in der Vergangenheit liegenden Termine in die Gegenwart bzw. Zukunft zu verschieben oder ausgehend von dem Heute-Termin im Wege der Vorwärtsterminierung neue, realisierbare Fertigstellungstermine zu bestimmen. Es erscheint allerdings zweckmäßig, derartige Festsetzungen bereits innerhalb der programmgebundenen Materialdisposition zu treffen. Damit könnte verhindert werden, daß durch eine erst im Anschluß an die programmgebundene Materialdisposition vorgenommene, insbesondere mittels der Vorwärtsterminierung durchgeführte Terminkorrektur das mengenmäßig und zeitlich abgestimmte Auftragsgefüge auseinanderbricht.

Frage 11: Welche zusätzlichen Informationen liefert die Durchlaufterminierung gegenüber den Ergebnissen der programmgebundenen Materialdisposition?

3.1.2. Kapazitätsabgleich

Im Rahmen des Kapazitätsabgleichs bzw. Kapazitätsausgleichs sind für jede, gewöhnlich einer Arbeitsplatzgruppe entsprechenden Produktiveinheit, getrennt nach den verschiedenen Teilperioden des betrachteten Planungszeitraumes, Kapazitätsnachfrage und Kapazitätsangebot zu ermitteln sowie gegenüberzustellen und bei möglichen Ungleichgewichten Abstimmungsmaßnahmen zu ergreifen.

3.1.2.1. Erfassung der Kapazitätsnachfrage und des Kapazitätsangebots

Die in Zeiteinheiten gemessene Kapazitätsnachfrage einer Periode hinsichtlich einer bestimmten Produktiveinheit ergibt sich durch Summierung der Belegungszeiten (Rüst- und Bearbeitungszeiten) für sämtliche, mit verschiedenen Fertigungsaufträgen verbundenen Arbeitsvorgänge, deren Verrichtung in der betreffenden Periode an der betrachteten Produktiveinheit vorgesehen ist. Es erscheint dabei zweckmäßig, die für die programmgebundene Materialdisposition und Durchlaufterminierung gewählte Periodeneinteilung und -länge zu übernehmen. Zur Bestimmung der sich auf eine Teilperiode beziehende *Kapazitätsnachfrage* sind dann jeweils sämtliche Aufträge bzw. die entsprechenden Arbeitsvorgänge zu berücksichtigen, deren Ankunftstermin dem Anfang dieser Periode entspricht. Grundsätzliche Schwierigkeiten bei der Ermittlung der Kapazitätsnachfrage können sich bei Anwendung dieser „Regel" nur ergeben, wenn die Belegungszeit für einen Arbeitsvorgang länger als eine Teilperiode ist. Es läßt sich dann nicht eindeutig festlegen, wie diese Zeit auf die betrachtete Periode und die nachfolgende(n) Periode(n) aufzuteilen ist. Eine richtige Zuordnung setzt die Kenntnis des genauen Starttermins für den Arbeitsvorgang voraus. Dieser Termin wird aber erst später mittels der Kapazitätsterminierung auf der Grundlage der im Rahmen des Kapazitätsabgleichs getroffenen Disposition bestimmt.

Es sei noch einmal ausdrücklich betont, daß Ankunftstermine als systemkonsistente Ausgangsdaten des Kapazitätsabgleichs nicht mit Startterminen zu verwechseln sind. Ein einheitlicher Ankunftstermin für mehrere Fertigungsaufträge vor einer Produktiveinheit muß insofern keineswegs, wie in der Literatur gelegentlich behauptet wird, dazu führen, daß vorgegebene Fertigstellungstermine nicht eingehalten werden können. Termineinhaltungsprobleme treten selbst dann nicht zwangsläufig auf, wenn die Produktiveinheit nur aus einem Arbeitsplatz bzw. einem Aggregat besteht und mithin die betreffenden Fertigungsaufträge unmittelbar gleichzeitig um Bearbeitung konkurrieren. Sofern die bei der Durchlaufterminierung angesetzten ablaufbedingten Liegezeiten vor Belegung ausreichend bemessen sind, kann jeder mit einem Fertigungsauftrag verbundene Arbeitsvorgang rechtzeitig im Hinblick auf die Einhaltung der geforderten Fertigstellungstermine gestartet werden.

Das für eine Teilperiode bestehende, in Zeiteinheiten gemessene *Kapazitätsangebot* einer Produktiveinheit ist in Höhe der Summe der bei normaler Arbeitszeit bzw. bei normalem Schichtbetrieb in der betreffenden Periode möglichen Belegungszeiten sämtlicher Arbeitsplätze bzw. Aggregate anzusetzen, welche die betreffende Produktiveinheit umfaßt.

Stimmen Kapazitätsnachfrage und Kapazitätsangebot einer Periode nicht überein und überschreitet der absolute Wert der Differenz zwischen Kapazitätsnachfrage und Kapazitätsangebot eine bestimmte, unternehmungsspezifisch festzulegende „Toleranzgrenze", so müssen Dispositionen zwecks Beseitigung des Ungleichgewichts getroffen werden; in dem Beispiel gemäß Bild 23 erweisen sich derartige Dispositionen für die Perioden 1, 4 und 5 als erforderlich.

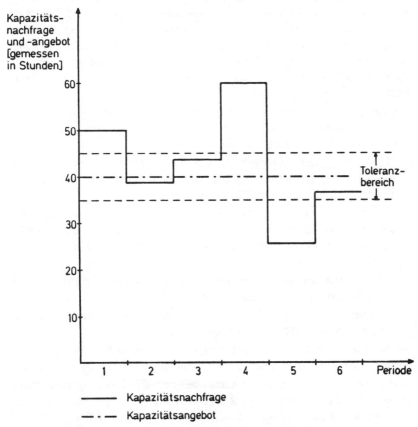

Bild 23. Kapazitätsnachfrage und Kapazitätsangebot (Kapazitätsgebirge).

Grundsätzlich sind folgende Abstimmungsmaßnahmen in Erwägung zu ziehen:

- Anpassung der Kapazitätsnachfrage an das Kapazitätsangebot.
- Anpassung des Kapazitätsangebots an die Kapazitätsnachfrage.

Die gegenseitige Anpassung von Kapazitätsnachfrage und Kapazitätsangebot stellt eine weitere Abstimmungsmaßnahme dar, die sich durch Kombination dieser, im folgenden näher behandelten Grundformen einer Abstimmung ergibt.

3.1.2.2. Anpassung der Kapazitätsnachfrage an das Kapazitätsangebot

Eine Anpassung der Kapazitätsnachfrage an das Kapazitätsangebot bedeutet allgemein, daß der bisher für die betrachtete Periode an einer Produktiveinheit zur Bearbeitung vorgesehene Auftragsbestand und/oder Los- bzw. Fertigungsauftragsgrößen variiert werden. Die Änderung ist derart vorzunehmen, daß die Summe der mit der neuen Auftragsstruktur (Anzahl der Aufträge und jeweilige Losgrößen) verbundenen Belegungszeiten dem Kapazitätsangebot entspricht bzw. in dem vorgegebenen Toleranzbereich liegt.

Übersteigt in einer Periode die ursprüngliche Kapazitätsnachfrage das Kapazitätsangebot, so können im einzelnen folgende Maßnahmen alternativ oder auch kombiniert ergriffen werden:

- Reduzierung des Auftragsbestandes der betrachteten Periode durch zeitliche Verlagerung (Vorziehen oder Hinausschieben) von Aufträgen in Perioden mit Kapazitätsüberangebot.
- Verringerung der Losgrößen von Aufträgen, die der betrachteten Periode zugeordnet sind, durch zeitliche Verlagerung (Vorziehen oder Hinausschieben) von Auftragsteilen in Perioden mit Kapazitätsüberangebot.
- Reduzierung des Auftragsbestandes der betrachteten Periode durch Fremdvergabe von Aufträgen.
- Verringerung der Losgrößen von Aufträgen, die der betrachteten Periode zugeordnet sind, durch Fremdvergabe von Auftragsteilen.

Ist für eine Periode die ursprüngliche Kapazitätsnachfrage kleiner als das Kapazitätsangebot, bieten sich analog folgende Ausgleichsmaßnahmen an:

- Vergrößerung des Auftragsbestands der betreffenden Teilperiode durch zeitliche Verlagerung (Vorziehen oder Hinausschieben) von Aufträgen bzw. Auftragsteilen, deren Bearbeitung zunächst in anderen Teilperioden stattfinden sollte, in die betrachtete Periode.

80

— Erhöhung der Losgrößen von Aufträgen, die der betreffenden Periode zugeordnet sind, durch zeitliche Verlagerung (Vorziehen oder Hinausschieben) von Aufträgen bzw. Auftragsteilen, deren Bearbeitung zunächst in anderen Teilperioden stattfinden sollte, in die betrachtete Periode.

— Vergrößerung des Auftragsbestandes der betreffenden Periode und/oder Erhöhung der Losgrößen von Aufträgen, die der betreffenden Periode zugeordnet sind, durch beabsichtigte Eigenfertigung von Materialien, die sonst fremd bezogen werden.

Die skizzierte Anpassung der Kapazitätsnachfrage an das Kapazitätsangebot wird gewöhnlich als das vorherrschende Lösungskonzept für einen Kapazitätsabgleich herausgestellt. Im Zusammenhang mit der Darstellung dieses Konzepts findet sich zu Recht der Hinweis, daß infolge der technologisch bedingten Verknüpfung von Aufträgen die zeitliche Verschiebung eines bestimmten Auftrags ggf. auch die zeitliche Verlagerung von Aufträgen impliziert, die zu dem entsprechenden Auftragsnetz gehören, d. h. von Aufträgen, die technologische Vorgänger bzw. Nachfolger des entsprechenden Auftrags darstellen. Ebenso treffend wird festgestellt, daß durch ein zeitliches Hinausschieben von Aufträgen u. U. eine Einhaltung der vorgegebenen Fertigstellungstermine nicht mehr möglich und dann eine Korrektur dieser Termine erforderlich ist. Unbeachtet bleibt allerdings, daß eine Änderung der Auftragsbestände und/oder Losgrößen das durch die programmgebundene Materialdisposition festgelegte, mengenmäßig und zeitlich abgestimmte Auftragsgefüge weitgehend zerstören kann. Insbesondere besteht die Gefahr, daß die Nettobedarfswerte, die unter periodengenauer Berücksichtigung der infolge von Auftragsbeständen erwarteten Materialeingänge ermittelt wurden, nach im Rahmen des Kapazitätsabgleichs getroffenen Maßnahmen nicht mehr zutreffen und mithin auch die auf der Grundlage dieser Werte bestimmten Losgrößen sowie die Sekundärbedarfswerte für jeweils direkt untergeordnete Bauteile nun ungültig sind. Dies hat zur Folge, daß bei der Kapazitätsterminierung die sich an den Kapazitätsabgleich anschließen soll, von unrealistischen Größen ausgegangen wird und dann ein undurchführbarer Entwurf einer genauen zeitlichen Ordnung des Produktionsvollzugs erfolgt.

Jede im Rahmen des Kapazitätsabgleichs vorgenommene Änderung von Auftragsankunftsterminen und/oder Auftragsgrößen erfordert streng genommen die erneute Durchführung der Materialdisposition und darauf aufbauend eine Wiederholung der Durchlaufterminierung und des Kapazitätsabgleichs. Dies ist in den bekannten Systemen für eine integrierte Fertigungsdisposition aber nicht vorgesehen.

3.1.2.3. Anpassung des Kapazitätsangebots an die Kapazitätsnachfrage

Zwecks Vermeidung der angeführten Probleme, die bei einer Anpassung der Kapazitätsnachfrage an das Kapazitätsangebot auftreten können, erscheint es sinnvoll, vornehmlich eine Anpassung des Kapazitätsangebots an die Kapazitätsnachfrage in Erwägung zu ziehen. Eine derartige Anpassung zielt auf eine Änderung der verfügbaren Belegungszeiten in der Weise ab, daß die Summe der neu festgesetzten möglichen Belegungszeiten der Kapazitätsnachfrage entspricht bzw. in den vorgegebenen Toleranzbereich fällt.

Grundsätzlich ist eine Variation der potentiellen Belegungszeiten durch eine *zeitliche, intensitätsmäßige* und *quantitative Anpassung* möglich.

Ist das ursprüngliche Kapazitätsangebot kleiner als die Kapazitätsnachfrage, so können konkret folgende Maßnahmen alternativ oder auch kombiniert getroffen werden:
— Einführung von Überstunden bzw. Sonderschichten oder zusätzlichen Schichten (zeitliche Anpassung).
— Erhöhung der Leistungsintensität bzw. Produktionsgeschwindigkeit von Arbeitsplätzen bzw. maschinellen Aggregaten (intensitätsmäßige Anpassung).
— Inbetriebnahme von Reservemaschinen und/oder Erhöhung der Zahl der Arbeitskräfte mittels innerbetrieblicher Personalumverlagerung im Sinne eines Arbeitskräftewechsels von unterbeschäftigten Betriebsbereichen zu vorerst überbeschäftigten Produktiveinheiten (quantitative Anpassung).

Übersteigt das ursprüngliche Kapazitätsangebot die Kapazitätsnachfrage, können analog folgende Ausgleichsmaßnahmen in Erwägung gezogen werden:
— Kurzarbeit bzw. Schichtabbau (zeitliche Anpassung).
— Verringerung der Leistungsintensität bzw. Produktionsgeschwindigkeit von Arbeitsplätzen bzw. maschinellen Aggregaten (intensitätsmäßige Anpassung).

— Stillegung von Maschinen und/oder Verkleinerung der Zahl der Arbeitskräfte mittels innerbetrieblicher Personalumverlagerung im Sinne eines
Arbeitskräftewechsels von zunächst unterbeschäftigten Produktiveinheiten zu überbeschäftigten Betriebsbereichen (quantitative Anpassung).

Gemäß der üblichen Zuordnung wurde die intensitätsmäßige Anpassung
auch hier als spezielle Maßnahme zur Anpassung des Kapazitätsangebots
an die Kapazitätsnachfrage aufgeführt. Nun ist allerdings zu beachten,
daß eine Variation der Leistungsintensität zu einer Änderung der ursprünglich angesetzten Stückzeiten, damit letztlich zu einer Änderung der Belegungszeiten für die entsprechenden Aufträge und mithin zu einer Verringerung bzw. Erhöhung der Kapazitätsnachfrage führt. Insofern stellt
die intensitätsmäßige Anpassung streng genommen eine Maßnahme zur Anpassung der Kapazitätsnachfrage an das Kapazitätsangebot dar.

Frage 12: Warum erweist sich eine Anpassung des Kapazitätsangebots an
die Kapazitätsnachfrage gegenüber einer Anpassung der Kapazitätsnachfrage an das Kapazitätsangebot als die zweckmäßigere Abstimmungsmaßnahme bei bestehenden Ungleichgewichten zwischen Kapazitätsnachfrage
und -angebot?

3.1.3. Kapazitätsterminierung

Nach dem Kapazitätsabgleich liegen die Ankunftstermine für die entsprechend den Fertigungsaufträgen zu bearbeitenden Teile an den zur
Durchführung der verschiedenen Arbeitsvorgänge vorgesehenen Produktiveinheiten als Ausgangsdaten für die Kapazitätsterminierung fest. Die Aufgabe der auch als *Ablaufplanung* bezeichneten Kapazitätsterminierung
besteht nun darin, für jeden relevanten Arbeitsplatz die Starttermine
(und damit auch die Endtermine) der an dem betreffenden Arbeitsplatz
zu verrichtenden, mit verschiedenen Fertigungsaufträgen verbundenen
Arbeitsvorgänge arbeitstags- bzw. stundengenau festzulegen und damit
eine *Feinterminierung* vorzunehmen; der jeweilige Planungszeitraum entspricht dabei gewöhnlich einer Teilperiode des bei der Grobterminierung
zugrunde gelegten Planungszeitraumes. Mit der Feinterminfestlegung
wird gleichzeitig als *Auftragsreihenfolgeplanung* die Reihenfolge bestimmt,
gemäß derer die Fertigungsaufträge an einem Arbeitsplatz zu erledigen sind;
eine Kapazitätsterminierung umfaßt also immer auch eine Auftragsreihenfolgeplanung. Setzt sich eine Produktiveinheit aus mehreren Arbeitsplätzen zusammen, so ist die Festsetzung der Starttermine sowie der je-

weiligen Auftragsreihenfolge mit einer Zuteilung der Fertigungsaufträge bzw. der zugehörigen Arbeitsvorgänge zu einzelnen Arbeitsplätzen, mithin mit einer Arbeitsplatzauswahl verbunden.

3.1.3.1. Erfassung relevanter Zielfunktionen

Eine Kapazitätsterminierung bzw. Auftragsreihenfolgeplanung soll gemäß weit verbreiteter Ansicht einerseits einen möglichst schnellen Durchlauf der Fertigungsaufträge durch den Produktionsbereich und andererseits eine möglichst günstige Auslastung der betrieblichen Kapazitäten sicherstellen. Da beide Zielsetzungen gewöhnlich nicht vollständig miteinander vereinbar sind, wird in diesem Zusammenhang auch von einem *Dilemma der Ablaufplanung* gesprochen. Das Dilemma der Ablaufplanung ließe sich grundsätzlich dadurch überwinden, daß im Rahmen der Kapazitätsterminierung bzw. Auftragsreihenfolgeplanung auf Erlös- und/oder Kostengrößen ausgerichtete, beide „Pole" des Dilemmas verbindende Ziele verfolgt werden. Die Bildung entsprechender operationaler Zielfunktionen wirft allerdings erhebliche, größtenteils bisher nicht gelöste Probleme auf. Bei der Kapazitätsterminierung bzw. Auftragsreihenfolgeplanung finden deshalb i. d. R. Zielfunktionen Beachtung, die eine Minimierung bestimmter Zeitgrößen beinhalten. Diese Zielfunktionen stellen entweder auftragsbezogene Zielfunktionen oder maschinenbezogene Zielfunktionen dar. *Auftragsbezogene Zielfunktionen* weisen eine enge Verbindung zu der Forderung nach einem möglichst raschen Durchlauf der Fertigungsaufträge durch den Produktionsbereich auf. *Maschinenbezogene Zielfunktionen* stehen dagegen in enger Beziehung zu dem Wunsch nach einer möglichst hohen Kapazitätsauslastung.

Bei der nachstehend vorgenommenen Erörterung auftragsbezogener und maschinenbezogener Zielfunktionen wird von folgender Planungssituation ausgegangen:

a) Zu Beginn der Planungsperiode ist ein fester, sich aus n verschiedenen Fertigungsaufträgen zusammensetzender Auftragsbestand vorhanden.

b) Die n Fertigungsaufträge sind unabhängig voneinander, d. h. sie unterliegen hinsichtlich ihrer Durchführung keiner technologisch bedingten Reihenfolge im Sinne von technologischen Vorgängern und technologischen Nachfolgern.

c) Jeder Fertigungsauftrag umfaßt genau m Arbeitsvorgänge, die an m verschiedenen und vorgegebenen Arbeitsplätzen bzw. durch m verschiedene und vorgegebene Maschinen zu verrichten sind. Die Reihenfolge der zwecks Erledigung eines Fertigungsauftrages zu vollziehenden Arbeitsvorgänge liegt technologisch bedingt fest. Damit ist auch die Arbeitsplatz- bzw. Maschinenfolge gegeben, die für sämtliche Aufträge identisch sein soll.

d) Die Belegungszeit für den i-ten (i = 1, ..., n) Fertigungsauftrag auf der j-ten (j = 1, ..., m) Maschine, mittels derer der an j-ter Stelle in der Bearbeitungsreihenfolge stehende Arbeitsvorgang j durchzuführen ist, stellt eine konstante Größe dar. Damit wird unterstellt, daß die in dieser Größe enthaltene Rüstzeit unabhängig von der Auftragsreihenfolge ist.

e) Ablaufbedingte Liege- bzw. Wartezeiten vor Kontrolle und Transport sowie Kontroll- und Transportzeiten werden vernachlässigt.

f) Zu bestimmen gilt es die bezüglich vorgegebener Zielfunktionen optimalen Auftragsreihenfolgen.

3.1.3.1.1. Auftragsbezogene Zielfunktionen

Bei den auftragsbezogenen Zielfunktionen lassen sich folgende Zielfunktionen unterscheiden:

— Minimierung der Gesamtdurchlaufzeit,

— Minimierung der Gesamtwartezeit und

— Minimierung der maximalen Durchlaufzeit.

Die *Gesamtdurchlaufzeit* (D) bildet die Summe der Durchlaufzeiten der n Fertigungsaufträge und mithin die Summe sämtlicher Belegungszeiten und ablaufbedingter Wartezeiten vor Belegung, die in Verbindung mit der Erledigung des gegebenen Auftragsbestandes anfallen. Dabei ist zu beachten, daß es sich bei den ablaufbedingten Wartezeiten vor Belegung im Gegensatz zu den bei der Durchlaufterminierung und dem Kapazitätsabgleich angesetzten Zeiten nunmehr um variable Zeitspannen handelt, deren Länge von der gewählten Auftragsreihenfolge abhängt.

Die von der festzulegenden Auftragsreihenfolge abhängige Durchlaufzeit des i-ten (i = 1, ..., n) Fertigungsauftrages ($\tilde{d}_i$) bestimmt sich gemäß

$$\tilde{d}_i = \sum_{j=1}^{m} (b_{ij} + w_{ij}),$$

worin b_{ij} die Belegungszeit des i-ten Auftrags auf der j-ten Maschine und w_{ij} die ablaufbedingte Wartezeit des i-ten Auftrags vor Belegung auf der j-ten Maschine kennzeichnen. Die Zielfunktion „Minimierung der Gesamt-durchlaufzeit" nimmt dann die Form

$$D = \sum_{i=1}^{n} \tilde{d}_i = \sum_{i=1}^{n} \sum_{j=1}^{m} (b_{ij} + w_{ij}) \rightarrow min$$

an.

Die *Gesamtwartezeit* (W) entspricht der Summe der ablaufbedingten Warte-zeiten, die für die n Aufträge vor Belegung auf den m Maschinen ent-stehen. Die Zielfunktion „Minimierung der Gesamtwartezeit" lautet mithin

$$W = \sum_{i=1}^{n} \sum_{j=1}^{m} w_{ij} \rightarrow min.$$

Da gemäß den oben angeführten Annahmen die Summe der Belegungszeiten konstant ist, stellen Minimierung der Gesamtdurchlaufzeit und Minimierung der Gesamtwartezeit äquivalente Zielfunktionen dar, d. h. eine Minimie-rung der Gesamtdurchlaufzeit führt auch zu einer Minimierung der Ge-samtwartezeit und umgekehrt.

Unter der *maximalen Durchlaufzeit* $(\tilde{d}_{i*, \, max})$ ist die Durchlaufzeit des Auftrags i* zu verstehen, der zuletzt abgeschlossen wird, also die längste Durchlaufzeit von allen durchzuführenden Fertigungsaufträgen aufweist. Für die Zielfunktion „Minimierung der maximalen Durchlaufzeit" ergibt sich demgemäß der Ausdruck

$$\tilde{d}_{i*, \, max} = \overset{max}{1 \leqslant i \leqslant n} \sum_{j=1}^{m} (b_{ij} + w_{ij}) \rightarrow min.$$

Es ist zu beachten, daß Minimierung der maximalen Durchlaufzeit und Minimierung der Gesamtdurchlaufzeit bzw. Gesamtwartezeit unterschied-liche, jeweils als optimal ausgewiesene Auftragsreihenfolgen ergeben können.

Beispiel: Auftragsbezogene Zielfunktionen und optimale Auftragsreihen-folgepläne

Zu Beginn der Planungsperiode liegt ein Auftragsbestand vor, der aus zwei Fertigungsaufträgen besteht. Zur Erledigung jedes Auftrags sind zwei Arbeitsvorgänge durchzuführen, die den Einsatz von zwei verschiedenen Maschinen erfordern. Die Maschinenfolge ist für beide Fertigungsaufträge identisch; die Aufträge müssen zuerst Maschine 1 belegen, bevor sie durch

Verrichtung des jeweiligen zweiten Arbeitsvorgangs auf Maschine 2 fertiggestellt werden können.

Die in Stunden gemessenen Belegungszeiten b_{ij} ($i = 1, 2; j = 1, 2$) weisen folgende Werte auf:

$b_{11} = 2$ $b_{12} = 4$ für Auftrag 1

$b_{21} = 2$ $b_{22} = 1$ für Auftrag 2.

Z. B. besagt der Wert $b_{12} = 4$, daß die Belegungszeit für Auftrag 1 auf Maschine 2 vier Stunden beträgt bzw. daß der mit dem Auftrag 1 verbundene, in der Bearbeitungsreihenfolge an zweiter Stelle stehende Arbeitsvorgang 2 eine Belegungszeit von vier Stunden verursacht.

Von den genannten Daten ausgehend sind in Bild 24 zwei alternative Auftragsreihenfolgepläne angeführt; die gestrichelten Linien kennzeichnen dabei die jeweiligen Wartezeiten vor Belegung. Bezüglich der Zielfunktionen „Minimierung der Gesamtdurchlaufzeit" und „Minimierung der Gesamtwartezeit" ist die Auftragsreihenfolge laut Plan II optimal. Sie zeichnet sich dadurch aus, daß Auftrag 2 vor Auftrag 1 bearbeitet wird. Plan II (Plan I) führt zu einer Gesamtdurchlaufzeit von D = 11 (13) Stunden und zu einer Gesamtwartezeit von W = 2 (4) Stunden. Bei Zugrundelegung der Zielfunktion „Minimierung der maximalen Durchlaufzeit" ist demgegenüber Plan I dem Plan II vorzuziehen und damit eine Auftragsreihenfolge zu wählen, bei der Auftrag 1 an erster Stelle steht. Es ergibt sich dann eine maximale Durchlaufzeit von $d_{2, max} = 7$ Stunden im Vergleich zu einer maximalen Durchlaufzeit $d_{1, max} = 8$ Stunden bei Plan II.

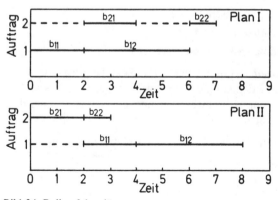

Bild 24. Reihenfolgepläne.

Hinsichtlich einer möglichen Verbindung der auftragsbezogenen Zielfunktionen zu auf Kostenminimierung ausgerichteten Zielsetzungen lassen sich folgende Feststellungen treffen:

Unter den Annahmen, daß

a) das zur Durchführung der Fertigungsaufträge benötigte Kapital insgesamt schon zu Beginn der Planungsperiode zur Verfügung stehen muß,

b) der Kapitalbedarf für jeden Fertigungsauftrag dieselbe Höhe aufweist und

c) das jeweils in einem Fertigungsauftrag gebundene Kapital bei Fertigstellung des betreffenden Auftrags freigesetzt wird,

führt eine Minimierung der Gesamtdurchlaufzeit bzw. der Gesamtwartezeit auch zu einer Minimierung der Kapitalbindungskosten.

Unter den Annahmen, daß

a) das zur Durchführung der Fertigungsaufträge benötigte Kapital insgesamt schon zu Beginn der Planungsperiode zur Verfügung stehen muß und

b) die Freisetzung des in den Fertigungsaufträgen gebundenen Kapitals erst nach Fertigstellung sämtlicher und mithin nach Erledigung des Auftrages mit der längsten Durchlaufzeit erfolgt,

führt eine Minimierung der maximalen Durchlaufzeit auch zu einer Minimierung der Kapitalbindungskosten.

3.1.3.1.2. Maschinenbezogene Zielfunktionen

Bei den maschinenbezogenen Zielfunktionen lassen sich folgende Zielfunktionen unterscheiden:

— Minimierung der Gesamtbereitschaftszeit,

— Minimierung der Gesamtleerzeit und

— Minimierung der maximalen Bereitschaftszeit.

Die *Gesamtbereitschaftszeit* (B) bildet die Summe der Bereitschaftszeiten der m Maschinen für die Erledigung des vorgegebenen Auftragsbestandes, d. h. die Summe sämtlicher Belegungszeiten und Leerzeiten, die bei den m verschiedenen Maschinen anfallen.

Die Bereitschaftszeit für die j-te (j = 1, . . ., m) Maschine $(\widetilde{b}_j)$ bestimmt sich gemäß

$$\widetilde{b}_j = \sum_{i=1}^{n} (b_{ij} + l_{ij}) \to \min.$$

88

Hierin kennzeichnet wie bisher b_{ij} die Belegungszeit des i-ten Auftrags auf der j-ten Maschine als Summe von entsprechender Rüstzeit und Bearbeitungszeit. l_{ij} symbolisiert die Leerzeit der j-ten Maschine vor ihrer Belegung mit dem i-ten Auftrag. Es handelt sich dabei um die Zeitspanne zwischen Beginn der Planungsperiode und Belegung der Maschine j mit dem Auftrag i, wenn dieser Auftrag in der Auftragsreihenfolge für die betreffende Maschine an erster Stelle steht bzw. um die Zeit, die verstreicht, bis Maschine j nach Abschluß der Bearbeitung des dem Auftrag i vorangehenden Auftrags bei Eintreffen der entsprechenden Teile mit dem i-ten Auftrag belegt werden kann.

Die Zielfunktion „Minimierung der Gesamtbereitschaftszeit" lautet:

$$B = \sum_{j=1}^{m} \widetilde{b_j} = \sum_{j=1}^{m} \sum_{i=1}^{n} (b_{ij} + l_{ij}) \rightarrow min.$$

Die *Gesamtleerzeit* (L) entspricht der Summe der Leerzeiten, die bei den m Maschinen entstehen. Die Zielfunktion „Minimierung der Gesamtleerzeit" nimmt mithin die Form

$$L = \sum_{j=1}^{m} \sum_{i=1}^{n} l_{ij} \rightarrow min$$

an.

Da die Summe der Belegungszeiten eine konstante Größe darstellt, sind die Zielfunktionen „Minimierung der Gesamtbereitschaftszeit" und „Minimierung der Gesamtleerzeit" äquivalent, d. h. eine Minimierung der Gesamtbereitschaftszeit führt auch zu einer Minimierung der Gesamtleerzeit und umgekehrt.

Es ist zu beachten, daß das erwähnte Dilemma der Ablaufplanung darin besteht, daß die Zielfunktionen „Minimierung der Gesamtdurchlaufzeit bzw. Gesamtwartezeit" und „Minimierung der Gesamtbereitschaftszeit bzw. Gesamtleerzeit" nicht miteinander vereinbar sind, d. h. nicht unbedingt dieselben, jeweils als optimal ausgewiesenen Auftragsreihenfolgen ergeben.

Die *maximale Bereitschaftszeit* entsteht für die in der Maschinenfolge an letzter Stelle stehende Maschine. Wird, wie hier vorausgesetzt, eine der Maschinenfolge entsprechende Numerierung der Maschinen gewählt, so weist Maschine m die maximale Bereitschaftszeit auf. Für die Zielfunktion „Minimierung der maximalen Bereitschaftszeit" gilt dann der Ausdruck

$$\tilde{b}_m = \sum_{i=1}^{n} (b_{im} + l_{im}) \to \min.$$

Die Größe $\tilde{b}_m$ bildet die Zeitspanne zwischen Beginn der Planungsperiode und Abschluß des m-ten Arbeitsvorganges zur Durchführung des Auftrags, der als letzter Auftrag aus dem vorgegebenen Auftragsbestand fertiggestellt wird. Maximale Bereitschaftszeit und maximale Durchlaufzeit stimmen also überein und mithin auch die Zielfunktionen „Minimierung der maximalen Bereitschaftszeit" und „Minimierung der maximalen Durchlaufzeit". Die Verwendung dieser Zielfunktionen erweist sich dann als zweckmäßig, wenn nicht von vornherein sichergestellt ist, daß sämtliche n Fertigungsaufträge innerhalb der Planungsperiode erledigt werden können.

Die Zielfunktionen „Minimierung der maximalen Bereitschaftszeit" und „Minimierung der Gesamtbereitschaftszeit bzw. Gesamtleerzeit" sind nicht äquivalent, d. h. sie führen nicht generell zu denselben optimalen Auftragsreihenfolgen.

Beispiel: Maschinenbezogene Zielfunktionen und optimale Auftragsreihenfolgepläne

Zu Beginn der Planungsperiode liegt ein sich aus zwei Fertigungsaufträgen zusammensetzender Auftragsbestand vor. Zur Durchführung eines Auftrags sind jeweils drei Arbeitsvorgänge zu verrichten, wobei jeder Arbeitsvorgang den Einsatz einer besonderen Maschine erfordert. Die der technologisch bedingten Reihenfolge der Arbeitsvorgänge entsprechende Maschinenfolge ist für beide Aufträge identisch; sie stimmt mit der Numerierung der Maschinen überein.

Die in Stunden gemessenen Belegungszeiten b_{ij} ($i = 1, 2; j = 1, 2, 3$) weisen folgende Werte auf:

$b_{11} = 1$	$b_{21} = 2$	für Maschine 1
$b_{12} = 0{,}5$	$b_{22} = 2$	für Maschine 2
$b_{13} = 1{,}5$	$b_{23} = 3$	für Maschine 3

In Bild 25 sind zwei alternative, auf den genannten Daten basierende Reihenfolgepläne angeführt; die gestrichelten Linien kennzeichnen dabei Leerzeiten der Maschinen.

90

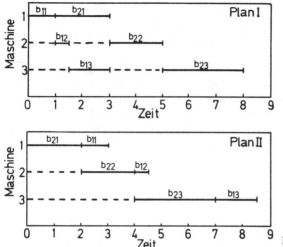

Bild 25. Reihenfolgepläne.

Hinsichtlich der Zielfunktionen „Minimierung der Gesamtbereitschaftszeit" und „Minimierung der Gesamtleerzeit" sind beide Pläne optimal. Sie führen zu einer Gesamtbereitschaftszeit von B = 16 Stunden und zu einer Gesamtleerzeit von L = 6 Stunden. Bezüglich der Zielfunktion „Minimierung der maximalen Bereitschaftszeit" ist der Plan I, gemäß dem Auftrag 1 jeweils als erster Auftrag durchgeführt werden soll, optimal. Bei Plan I ergibt sich eine maximale Bereitschaftszeit von $\tilde{b}_3$ = 8 Stunden gegenüber einer maximalen Bereitschaftszeit von $\tilde{b}_3$ = 8,5 Stunden laut Plan II.

Da „Minimierung der maximalen Bereitschaftszeit" und „Minimierung der maximalen Durchlaufzeit" identische Zielfunktionen darstellen, gelten die für letztere Zielfunktion getroffenen Aussagen über eine mögliche Verbindung dieser Funktion zu Kostengrößen auch für die Zielfunktion „Minimierung der maximalen Bereitschaftszeit". Einen Zusammenhang zwischen den übrigen maschinenbezogenen Zielfunktionen und auf Kostenminimierung ausgerichteten Zielsetzungen herzustellen, fällt sehr schwer. Unter der Annahme einer gegebenen Betriebsbereitschaft und mithin einer konstanten Anzahl einsatzfähiger Maschinen fallen die mit diesen Maschinen verbundenen Bereitschaftskosten unabhängig von den jeweiligen Belegungs- und Leerzeiten periodenmäßig in gleichbleibender Höhe an. Gemäß der Annahme eines vorgegebenen Auftragsbestands ist die Möglichkeit der Durchführung von nicht in diesem Bestand enthaltenen Zusatzaufträgen ausgeschlossen. Insofern können auch keine von dem Umfang der Bereitschaftszeiten abhängige Opportunitätskosten in Form entgangener Gewinne infolge eines Verzichts auf die Annahme von Zusatzaufträgen auftreten.

Allgemein ist festzustellen, daß die Bestimmung von Arbeitsvorgangsterminen und damit von Auftragsreihenfolgen, die bezüglich der angeführten Zielfunktionen optimal sind, bei Problemen praktischer Größenordnung noch erhebliche rechentechnische Schwierigkeiten bereitet. Zur Feintermin- und Auftragsreihenfolgefestsetzung werden deshalb in der betrieblichen Praxis gewöhnlich Prioritätsregeln verwendet.

3.1.3.2. Terminfestlegung mittels Prioritätsregeln

Gemäß einer Prioritätsregel wird jedem sich in einer Warteschlange befindlichen Fertigungsauftrag eine Prioritätsziffer zugeordnet, die seine Stelle in der Belegungsreihenfolge an einem Arbeitsplatz bzw. auf einer Maschine im Vergleich zu den anderen Aufträgen kennzeichnet.

Es existiert eine Fülle von alternativen Prioritätsregeln, die teilweise in unterschiedlichem, nicht generell bestimmbarem Ausmaß zur Erreichung der angeführten Zielsetzungen beitragen. Beispielhaft seien hier die *„Kürzeste Operationszeit-Regel"* (KOZ-Regel) und die *„Schlupfzeit-Regel"* (SZ-Regel) als Prioritätsregeln angeführt.

Bei Verwendung der KOZ-Regel erhält von den vor einem Arbeitsplatz bzw. einer Maschine auf Bearbeitung wartenden Aufträgen derjenige Auftrag die höchste Priorität, wird also als erster Auftrag durchgeführt, der an dem betreffenden Arbeitsplatz bzw. an der betreffenden Maschine jeweils die kürzeste Bearbeitungszeit erfordert.

Nach der SZ-Regel wird dem Auftrag in der Warteschlange die erste Stelle in der Bearbeitungsreihenfolge eingeräumt, bei dem die Differenz zwischen gefordertem Fertigstellungstermin und Summe der Bearbeitungszeiten für sämtliche noch zu verrichtenden Arbeitsvorgänge den niedrigsten Wert aufweist.

Standard-Anwendungssoftwarepakete für eine integrierte Fertigungsdisposition sehen häufig eine sich aus einzelnen Prioritätsregeln zusammensetzende sog. „kombinierte" Prioritätsregel vor.

Frage 13: Bei welcher Prioritätsregel und welchen Bedingungen kann der Fall auftreten, daß ein bestimmter Auftrag niemals durchgeführt wird?

3.2. System einer integrierten Termindisposition

Zur Bildung eines Systems einer integrierten und rechnergestützten Termindisposition müssen die einzusetzenden Planungsverfahren programmäßig implementiert und die betreffenden Programme durch Sicherstellung des jeweils erforderlichen Datentransfers zu einer Einheit miteinander verknüpft werden.

Die Ausgangsdaten für die Termindisposition stellen die im Rahmen der Materialdisposition festgelegten Fertigungsaufträge bzw. Lose mit den jeweils geforderten Fertigstellungsterminen dar. Es handelt sich hierbei um Daten, die das Programm „Auftragsermittlung", speziell das Unterprogramm „Bestimmung wirtschaftlicher Losgrößen" bereitstellt. Auf der Grundlage dieser Daten kann eine in sich geschlossene Termindisposition dann unter Einbeziehung des bereits angeführten Programms „Lagerbestandsführung" durch die Verwendung folgender Programme vollzogen werden:

— Programm „Durchlaufterminierung"
Dieses Programm bestimmt ohne Beachtung von Kapazitätsgrenzen periodengenau die Ankunftstermine für die gemäß den verschiedenen Fertigungsaufträgen zu bearbeitenden Teile vor den zur Verrichtung der erforderlichen Arbeitsvorgänge vorgesehenen Arbeitsplatzgruppen. Damit liegen — nach herrschendem Sprachgebrauch — „grobterminierte Fertigungsaufträge" fest. Hierbei ist aber zu beachten, daß die betreffenden Ankunftstermine aufgrund möglicher, innerhalb des Kapazitätsabgleichs vorgenommener Korrekturen nur „vorläufig" gelten.

— Programm „Kapazitätsabgleich"
Mittels dieses Programms werden Kapazitätsnachfrage und Kapazitätsangebot aufeinander abgestimmt. Eine derartige Abstimmung kann u. U. eine Verschiebung gewisser, im Rahmen der Durchlaufterminierung festgelegter Ankunftstermine und eine Änderung der ursprünglich in einer Periode zur Bearbeitung vorgesehenen Aufträge bzw. Auftragsgrößen beinhalten. Das Ergebnis der getroffenen (Um-)Dispositionen stellen „(endgültig) grobterminierte Fertigungsaufträge" dar. Konkret handelt es sich hierbei um innerhalb der Grobterminierung definitiv festgesetzte Ankunftstermine für Teile bzw. entsprechende Fertigungsaufträge vor den Arbeitsplatzgruppen, die zur Verrichtung der verschiedenen Arbeitsvorgänge einzusetzen sind.

— Programm „Verfügbarkeitsprüfung"

Durch dieses Programm findet eine Überprüfung statt, ob die zur Durchführung der „(endgültig) grobterminierten Fertigungsaufträge" benötigten Teile aufgrund von Lager- bzw. Werkstattbeständen, offenen Bestellungen (Bestellbestände) und/oder bereits veranlaßten Fertigungsaufträgen zu den geplanten Ankunftsterminen voraussichtlich auch zur Verfügung stehen. Bezogen auf die sich an die Verfügbarkeitsprüfung anschließende Kapazitätsterminierung erhalten nur die Aufträge einen Freigabevermerk hinsichtlich einer Feinterminierung, für welche die rechtzeitige Bereitstellung der erforderlichen Materialien gesichert erscheint.

— Programm „Kapazitätsterminierung"

Durch dieses Programm werden werktags- bzw. stundengenau Starttermine an den jeweils einzusetzenden Arbeitsplätzen bzw. Maschinen für die Arbeitsvorgänge bestimmt, die zwecks Erledigung der „freigegebenen grobterminierten Fertigungsaufträge" durchzuführen sind. Die derart „feinterminierten Fertigungsaufträge" bilden die Grundlage für die Fertigungsveranlassung.

— Programm „Fertigungsveranlassung"

Dieses Programm stellt ein Bindeglied zwischen Feinterminierung und Produktionsdurchführung, allgemein zwischen Planung und Realisation dar. Mittels dieses Programms werden jeweils für eine relativ kleine Zeitspanne die dann an den einzelnen Arbeitsplätzen gemäß den „feinterminierten Fertigungsaufträgen" zu verrichtenden Arbeitsvorgänge aufgelistet und die zugehörigen Fertigungsdokumente wie Materialentnahme- und Materialablieferungsbelege erstellt. Nach der gewöhnlich kurz vor Durchführungsbeginn erfolgenden Übermittlung der betreffenden Daten und Belege an die Fertigungsstellen bzw. Arbeitsplätze sind die dabei angesprochenen Fertigungsaufträge als „veranlaßte Fertigungsaufträge" zu führen.

Als Nachweis über Aktivitäten im Fertigungsbereich werden auf den Materialbelegen als „Rücklaufdatenträger" die von Bereitstellungslagern zwecks Bearbeitung entnommenen Materialien und die Bereitstellungslagern übergebenen, bearbeiteten Teile mit den entsprechenden Entnahme- bzw. Ablieferungsterminen festgehalten.

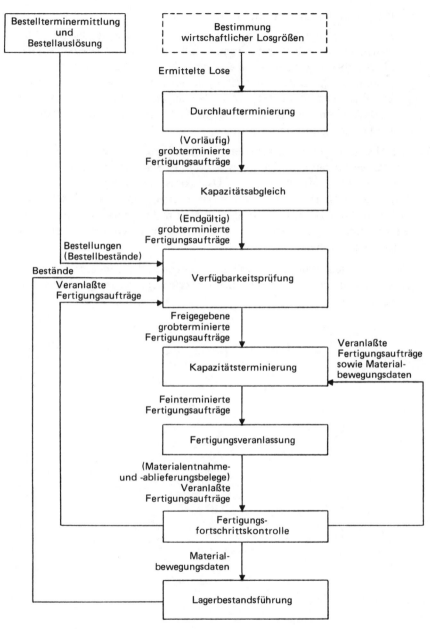

Bild 26. Termindispositionssystem.

— Programm „Fertigungsfortschrittskontrolle"
Durch Vergleich der sich auf die „veranlaßten Fertigungsaufträge" beziehenden Arbeitsvorgangstermine mit den Materialbewegungsdaten nimmt dieses Programm eine Terminüberwachung bzw. eine Überprüfung des jeweiligen Bearbeitungsstands der Aufträge vor und erstellt bei Terminverzögerungen u. U. Mahnungen. Es findet eine laufende Fortschreibung des Bestandes an veranlaßten, aber noch nicht erledigten Fertigungsaufträgen statt.

Bei Abweichungen der realisierten Arbeitsvorgangstermine von den geplanten Arbeitsvorgangsterminen, die gewisse Toleranzgrenzen überschreiten, hat eine erneute, der vorliegenden Datenkonstellation Rechnung tragende Kapazitätsterminierung zu erfolgen. Dabei ist von dem aktuellen Bestand an veranlaßten Fertigungsaufträgen und dem sich gemäß den Materialbewegungsdaten ergebenden Durchführungsstadium der einzelnen Fertigungsaufträge auszugehen.

Die erwähnten Programme und ihre Datenbeziehungen ergeben das in Bild 26 angeführte System einer integrierten und rechnergestützten Termindisposition.

4. Gesamtsystem einer integrierten Fertigungsdisposition

Durch Verknüpfung der in den Bildern 21 und 26 dargestellten Systeme erhält man das in Bild 27 angeführte Gesamtsystem einer integrierten und rechnergestützten Fertigungsdisposition. Dabei wurden aus Übersichtlichkeitsgründen einerseits die Programme „Vorlaufverschiebung", „Stücklistenauflösung" und „Bruttobedarfsermittlung" und andererseits die Programme „Durchlaufterminierung" und „Kapazitätsabgleich" zusammengefaßt. Dieses System wäre noch um die zur Durchführung einer verbrauchsgebundenen Materialdisposition einzusetzenden Programme mit den erforderlichen Datenbeziehungen zu ergänzen.

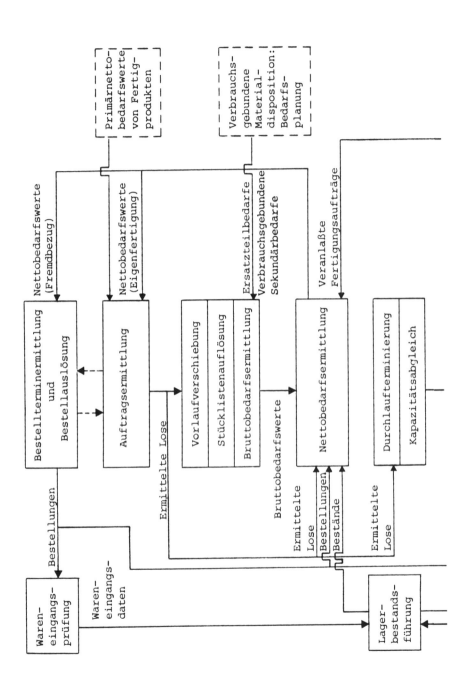

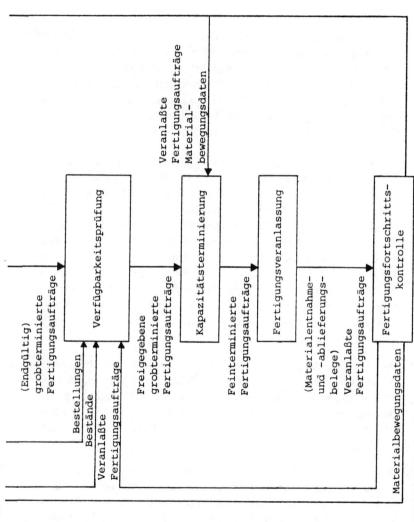

Bild 27. Fertigungsdispositionssystem.

99

5. Anworten auf die Fragen im Text

1. Der sich nach der exponentiellen Glättung erster Ordnung ergebende Vorhersagewert würde als exponentiell gewogener Mittelwert sämtlicher in der Vergangenheit aufgetretenen Bedarfswerte bei einem linearen Trend hinter der tatsächlichen Bedarfsentwicklung herhinken und für den Fall, daß Zufallsabweichungen nicht auftreten, sogar geringer (bei ansteigendem Materialbedarf) bzw. größer (bei fallendem Materialbedarf) als der zuletzt entstandene effektive Bedarf sein.

2. Ein geeigneter, d. h. relativ zuverlässige Bedarfsprognosen liefernder Wert der Anpassungskonstante α läßt sich durch Simulation von Bedarfsprognosen für einen vergangenen Zeitraum, beispielsweise für die beiden letzten, in Monate untergliederte Jahre, bestimmen. Diese Simulation ist in der Weise durchzuführen, daß für alternative α-Werte jeweils die Vorhersagewerte nach der exponentiellen Glättung errechnet und die Vorhersagefehler, die sich dann ergeben hätten, ermittelt werden. Für die zum aktuellen Zeitpunkt einzuführende „echte" Bedarfsprognose nach der exponentiellen Glättung erster Ordnung ist dann der α-Wert zu wählen, der zu der kleinsten mittleren absoluten Abweichung der Vorhersagewerte von den effektiv aufgetretenen Bedarfswerten führte.

3. Da die verbrauchsgebundene Bedarfsplanung keine Information über die zeitliche Verteilung des in einer Periode insgesamt auftretenden Bedarfs bereitstellt und die effektive Bedarfsrate auch in anderen Planungsbereichen nicht erfaßt wird, lassen sich bezüglich des Realitätsgehaltes der Prämisse einer konstanten Bedarfsrate keine empirisch begründeten Aussagen treffen.

4. Dem im Rahmen des klassischen Bestellmengenmodells unterstellten Kapitalbindungsverlauf liegt implizit die Annahme zugrunde, daß mit dem Abgang der Materialien auch eine Freisetzung des gebundenen Kapitals stattfindet, eine Annahme, die für weiter zu bearbeitende Fremdbezugsteile als unrealistisch zu bezeichnen ist.

5. Der Wert der optimalen Losgröße bei endlicher Produktionsgeschwindigkeit ist größer als der Wert der optimalen Losgröße bei unendlich hoher Produktionsgeschwindigkeit. Dies liegt darin begründet, daß bei jeder Losgröße x unter der Annahme einer endlichen Produktionsgeschwindigkeit geringere Kapitalbindungskosten entstehen als die Kapitalbindungskosten, die unter der Annahme einer unendlich hohen Produktionsgeschwindigkeit auftreten.

6. Gemäß einer Normalverteilung ist bei einem geforderten Servicegrad von 99,87 % eine Meldemenge in Höhe von $b_M = \bar{d} + 3s$ festzusetzen, wobei $\bar{d}$ den einen Bedarfsmittelwert darstellenden Erwartungswert und s die Standardabweichung als Parameter einer Normalverteilung kennzeichnen. Der Sicherheitsbestand als Differenz zwischen Meldemenge und Bedarfsmittelwert entspricht dann der Größe 3s, also dem Dreifachen der Standardabweichung.

7. Der Nettobedarf an einem Teil hängt u. a. von dem für das betreffende Teil auftretenden programmgebundenen Sekundärbedarf ab. Dieser Sekundärbedarf und mithin auch der Nettobedarf läßt sich nur dann bestimmen, wenn die unter Berücksichtigung von Lager- und/oder Werkstattbeständen zu ermittelnden Bedarfe für Auflösung der dem betrachteten Teil direkt übergeordneten Baugruppen vorliegen und bekannt ist, wieviel Einheiten des Teils jeweils unmittelbar in eine Einheit einer direkt übergeordneten Baugruppe eingehen. Letztere, für die Nettobedarfsermittlung unbedingt benötigten Daten werden durch eine Mengenübersichtsstückliste aber nicht bereitgestellt.

8. Die vom programmgebundenen Sekundärbedarf ausgehende Errechnung des Nettobedarfs vollzieht sich nach folgendem Schema:

   Programmgebundener Sekundärbedarf

   + verbrauchsgebundener Sekundärbedarf

   + Ersatzteilbedarf

   _____

   = Bruttobedarf

   ./. Lager- und Werkstattbestände

   ./. Auftragsbestände

   _____

   = Nettobedarf

9. Die nach dem Stückkostenverfahren und dem Kostenausgleichsverfahren ermittelten wirtschaftlichen Auftragsgrößen führen generell nur dann zu einem Minimum der Bereitstellungskosten, wenn die

Bedarfsrate konstant ist, d. h. die im Zeitablauf auftretenden Nettobedarfswerte keine Schwankungen aufweisen. Dies liegt darin begründet, daß bei beiden, für die Situation einer variablen Bedarfsrate entwickelten Näherungsverfahren, auf nur für den Fall einer konstanten
Bedarfsrate geltende Äquivalenzbeziehungen und Optimalitätsbedingungen zurückgegriffen wird. Es erscheint insofern plausibel, daß die
sich unter Verwendung des Stückkostenverfahrens und Kostenausgleichsverfahrens ergebenden Lösungen desto weiter vom Optimum
entfernen, je größer die Kluft zwischen einer konstanten Bedarfsrate
und dem effektiven Bedarfsanfall wird, d. h. je stärker die Bedarfsschwankungen sind.

10. Eine gewisse Absicherung gegen Fehlmengen infolge von Lieferterminverzögerungen erfolgt durch den Ansatz der Mindestbevorratungszeit als Komponente der Solleindeckungszeit und durch Berücksichtigung der Mindestbevorratungszeit bei der Bestimmung des
jeweiligen Anlieferungstermines. Der effektive Liefertermin kann
maximal um eine der Mindestbevorratungszeit entsprechende Zeitspanne später als der gemäß der programmgebundenen Beschaffungszeitpunktplanung festgelegte Liefertermin liegen, ohne daß die rechtzeitige Materialbereitstellung, eine zutreffende Bedarfsprognose vorausgesetzt, gefährdet ist.

11. Nach herrschender Auffassung werden mittels der programmgebundenen Materialdisposition Fertigungsaufträge und zugehörige
,,späteste" Fertigstellungstermine bestimmt. Die durch Vorlaufverschiebung erfolgende Festsetzung der betreffenden Fertigstellungstermine für die Fertigungsaufträge führt dann aber zwangsläufig
auch zur Festlegung der ,,spätesten Starttermine" für die Aufträge
und mithin zur Ermittlung der ,,spätesten Starttermine" für die
Arbeitsvorgänge, die in der jeweiligen Bearbeitungsreihenfolge an
erster Stelle stehen. Bei der Durchlaufterminierung sollen darüber
hinaus ,,Start- und Endtermine" für sämtliche Arbeitsvorgänge, die
mit den vorgegebenen Fertigungsaufträgen verbunden sind, errechnet
und ggf. die gemäß der programmgebundenen Materialdisposition vorgesehenen Fertigungsauftragstermine korrigiert werden. Es ist zu er-
wägen, die Grobterminierung für alle Arbeitsvorgänge und Fertigungsaufträge bereits im Rahmen der programmgebundenen Materialdisposition durchzuführen und auf eine Durchlaufterminierung zu
verzichten.

12. Eine Anpassung der Kapazitätsnachfrage an das Kapazitätsangebot wird in der Regel durch Verschiebung von im Rahmen der programmgebundenen Materialdisposition bzw. Durchlaufterminierung festgelegten Ankunftsterminen der zur Durchführung der verschiedenen Arbeitsvorgänge bzw. Fertigungsaufträge benötigten Materialien vorgenommen. Eine derartige Verschiebung kann aber bewirken, daß die ermittelten und aufeinander abgestimmten Bedarfswerte und Fertigungsauftragsgrößen nach der entsprechenden Zeitdisposition nicht mehr zutreffen und die neu angesetzten Ankunftstermine völlig unrealistisch sind. Zwecks Aufrechterhaltung des sich mengenmäßig und zeitlich im Gleichgewicht befindlichen Auftragsgefüges sollten deshalb die ursprünglich angesetzten Ankunftstermine möglichst nicht verändert und eher als Anpassung des Kapazitätsangebots an die Kapazitätsnachfrage kapazitätserweiternde bzw. kapazitätsverringernde Maßnahmen erwogen werden.

13. Die Situation, daß ein Auftrag nicht bearbeitet wird, kann dann entstehen, wenn die Bearbeitungsreihenfolge von Aufträgen nach der KOZ-Regel festgelegt wird und laufend in die Warteschlange einzureihende Aufträge eintreffen, die eine kürzere Bearbeitungszeit als die des betrachteten Auftrags aufweisen. Zwecks Vermeidung einer derartigen Situation finden in der betrieblichen Praxis kombinierte Prioritätsregeln Anwendung.

6. Repetitorium

1. Was ist unter einem Los bzw. einer Losgröße zu verstehen?
2. Auf welche Teile bezieht sich der Begriff Bestellmenge?
3. Welche grundsätzlichen Unterschiede bestehen zwischen einer verbrauchsgebundenen Materialdisposition und einer programmgebundenen Materialdisposition?
4. Wie verhalten sich die Gewichte, die den in der Vergangenheit aufgetretenen Bedarfswerten für die Bedarfsprognose nach der exponentiellen Glättung erster Ordnung zugeordnet werden?
5. Welche Bedeutung ist dem Wert der Anpassungskonstante α bei der exponentiellen Glättung erster Ordnung hinsichtlich des Einflusses des zuletzt aufgetretenen effektiven Bedarfs auf den Bedarfsvorhersagewert beizumessen?
6. Welche Kostenarten sind bei der Bestellmengenplanung grundsätzlich zu unterscheiden?
7. Warum sind die sog. bestellfixen Kosten nicht generell fix?
8. Welche Annahmen liegen dem klassischen Bestellmengenmodell zugrunde?
9. Welche Annahmen des klassischen Bestellmengenmodells sind als unrealistisch zu bezeichnen?
10. Warum führt bei dem klassischen Bestellmengenmodell die stückkostenminimale Bestellmenge auch zu einem Minimum der Gesamtkosten?
11. Welche Erweiterungen des klassischen Bestellmengenmodells erweisen sich für die praktische Anwendung generell als erforderlich?
12. Welche Annahmen liegen dem klassischen Losgrößenmodell zugrunde?
13. Was ist unter einer Meldemenge zu verstehen?
14. Welche generelle Beziehung besteht zwischen der Höhe des geforderten Servicegrades und dem Umfang der diesen Servicegrad sicher-

stellenden Meldemenge unter der Annahme, daß der während der Wiederbeschaffungszeit anfallende Bedarf normalverteilt ist?

15. Warum erweist sich bei Unterstellung einer Normalverteilung für den auftretenden Bedarf die Zielsetzung der gänzlichen Vermeidung von Fehlmengen bei der Beschaffungszeitpunktplanung als wenig sinnvoll?

16. Welchen Zweck soll eine Vorlaufverschiebung erfüllen?

17. Welche Unterschiede bestehen zwischen einer Strukturstückliste, Baukastenstückliste und Mengenübersichtsstückliste für ein bestimmtes Fertigprodukt?

18. Was ist unter einem programmgebundenen Sekundärbedarf und einem verbrauchsgebundenen Sekundärbedarf zu verstehen?

19. Welche Bestände sind grundsätzlich zur Bestimmung des Nettobedarfs an einem Material zu berücksichtigen?

20. Nach welchem Grundprinzip werden bei dem Stückkostenverfahren wirtschaftliche Auftragsgrößen bestimmt?

21. Welche Kosten sollen gemäß der „Optimalitätsbedingung" des Kostenausgleichsverfahrens möglichst übereinstimmen?

22. Warum führen Stückkostenverfahren und Kostenausgleichsverfahren nicht generell zu kostenoptimalen Lösungen?

23. Wie bestimmt sich der Kostenlimes nach dem Selim-Algorithmus?

24. Unter welcher Bedingung stellt bei dem Selim-Algorithmus die Limesperiode auch die optimale bzw. wirtschaftliche Eindeckungsperiode dar?

25. Welche Unterschiede bestehen zwischen einer Auflösung nach Fertigungsstufen und einer Auflösung nach Dispositionsstufen?

26. Wann ist nach der programmgebundenen Beschaffungszeitpunktplanung jeweils eine Bestellung für ein Fremdbezugsteil auszulösen?

27. Aus welchen Komponenten setzt sich die Solleindeckungszeit zusammen?

28. Welche Zeitspanne stellt die Isteindeckungszeit dar?

29. Welche Aufgabe hat die Termindisposition zu erfüllen?

30. Welche Beziehungen bestehen zwischen der Durchlaufterminierung und der programmgebundenen Materialdisposition?

31. Aus welchen Komponenten setzt sich die Durchlaufzeit für einen Arbeitsvorgang zusammen?

32. Welche Unterschiede bestehen zwischen der Rückwärtsterminierung und der Vorwärtsterminierung?

33. Welche Probleme können sich bei der Bestimmung der Kapazitätsnachfrage für eine Periode im Rahmen des Kapazitätsabgleichs ergeben?

34. Welche Maßnahmen können zur Anpassung der Kapazitätsnachfrage an das Kapazitätsangebot bei zunächst bestehendem Ungleichgewicht ergriffen werden?

35. Welche Maßnahmen können zur Anpassung des Kapazitätsangebots an die Kapazitätsnachfrage bei zunächst bestehendem Ungleichgewicht ergriffen werden?

36. Welche Probleme können bei einer Anpassung der Kapazitätsnachfrage an das Kapazitätsangebot auftreten?

37. Worin besteht die Aufgabe der Kapazitätsterminierung?

38. Was ist unter dem Dilemma der Ablaufplanung zu verstehen?

39. Welche Unterschiede bestehen zwischen den im Rahmen der Durchlaufterminierung und den bei der Kapazitätsterminierung berücksichtigten ablaufbedingten Liege- bzw. Wartezeiten vor Belegung?

40. Unter welcher Voraussetzung stellen Minimierung der Gesamtdurchlaufzeit und Minimierung der Gesamtwartezeit äquivalente Zielfunktionen dar?

41. Unter welchen Annahmen führt die Minimierung der Gesamtdurchlaufzeit bzw. Gesamtwartezeit auch zu einer Minimierung der Kapitalbindungskosten?

42. Unter welchen Annahmen führt die Minimierung der maximalen Durchlaufzeit auch zu einer Minimierung der Kapitalbindungskosten?

43. Unter welcher Voraussetzung stellen Minimierung der Gesamtbereitschaftszeit und Minimierung der Gesamtleerzeit äquivalente Zielfunktionen dar?

44. Warum führen die Minimierung der maximalen Durchlaufzeit und die Minimierung der maximalen Bereitschaftszeit zu denselben optimalen Auftragsreihenfolgen?

45. Wann erweist sich die Verwendung der Zielfunktion „Minimierung der maximalen Durchlaufzeit" bzw. die Verwendung der Zielfunktion „Minimierung der maximalen Bereitschaftszeit" als zweckmäßig?

46. Welcher Auftrag wird bei Anwendung der „Kürzeste Operationszeit-Regel" jeweils zuerst durchgeführt?

47. Welcher Auftrag wird bei Anwendung der „Schlupfzeit-Regel" jeweils zuerst durchgeführt?

7. Schrifttum

[1] *Brankamp, K.:* Leitfaden zur Einführung einer Fertigungssteuerung. Essen: Girardet 1977.

[2] *Ellinger, T. u. H. Wildemann:* Praktische Fälle zur Produktionssteuerung. Wiesbaden: Gabler 1978.

[3] *Grochla, E.:* Grundlagen der Materialwirtschaft. 3. Aufl. Wiesbaden: Gabler 1978.

[4] *Heinen, E.:* Industriebetriebslehre. 8. Aufl. Wiesbaden: Gabler 1985.

[5] *Heß-Kinzer, D.:* Produktionsplanung und -steuerung mit EDV. Stuttgart, Wiesbaden: Forkel 1976.

[6] *Hoitsch, H.:* Produktionswirtschaft. München: Vahlen 1985.

[7] *Kern, W.:* Industrielle Produktionswirtschaft. 3. Aufl. Stuttgart: Poeschel 1980.

[8] *Mertens, P.:* Industrielle Datenverarbeitung. Bd. I: Administrations- und Dispositionssysteme. 5. Aufl. Wiesbaden: Gabler 1983.

[9] *Scheer, A.:* Produktionsplanung und -steuerung im Dialog. Würzburg, Wien: Physica 1979.

[10] *Trux, W. R.:* Einkauf und Lagerdisposition mit Datenverarbeitung. 2. Aufl. München: Moderne Industrie 1972.

[11] *Zäpfel, G.:* Produktionswirtschaft. Berlin, New York: de Gruyter 1982.

8. Sachwortverzeichnis

MEHR AUS DER REIHE BETRIEBSWIRTSCHAFT UND BETRIEBSPRAXIS

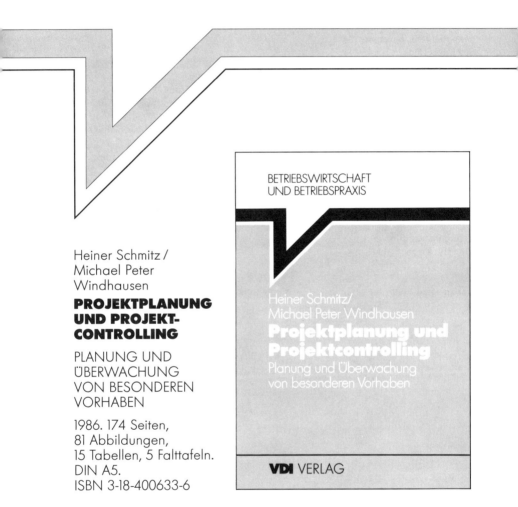

Heiner Schmitz /
Michael Peter
Windhausen
PROJEKTPLANUNG UND PROJEKTCONTROLLING

PLANUNG UND
ÜBERWACHUNG
VON BESONDEREN
VORHABEN

1986. 174 Seiten,
81 Abbildungen,
15 Tabellen, 5 Falttafeln.
DIN A5.
ISBN 3-18-400633-6

VDI VERLAG POSTFACH 11 39 · 4000 DÜSSELDORF 1

Peter Rinza
PROJEKT-
MANAGEMENT

PLANUNG,
ÜBERWACHUNG
UND STEUERUNG
VON TECHNISCHEN
UND NICHTTECH-
NISCHEN VORHABEN

2. Auflage 1985.
169 Seiten,
72 Abbildungen,
2 Falttafeln.
DIN A5.
ISBN 3-18-400632-8